通用管理能力指定培训教材

个人与团队管理

（第四版·上册）

[英] 卡伦·霍勒姆斯（Karen Holems）
科里恩·里奇（Corinne Leech） 等著

天向互动教育中心 编译

清 华 大 学 出 版 社

国 家 开 放 大 学 出 版 社

北 京

北京市版权局著作权合同登记号　图字：01-2003-2143 号

个人与团队管理（第四版·上册）

图书在版编目（CIP）数据

个人与团队管理：第四版. 上册/(英)卡伦·霍勒姆斯(Karen Holems)等著；天向互动教育中心编译. —北京：清华大学出版社：国家开放大学出版社，2021.2（2022.1重印）
ISBN 978-7-302-57557-3

Ⅰ. ①个⋯　Ⅱ. ①卡⋯ ②天⋯　Ⅲ. ①企业管理-组织管理学　Ⅳ. ①F272.9

中国版本图书馆 CIP 数据核字（2021）第 021028 号

责任编辑：刘志彬
封面设计：天向互动教育中心　汉风唐韵
责任校对：王凤芝
责任印制：杨　艳

出版发行：清华大学出版社
　　　　　网　　　址：http://www.tup.com.cn，http://www.wqbook.com
　　　　　地　　　址：北京清华大学学研大厦 A 座　　　邮　　编：100084
　　　　　社 总 机：010-62770175　　　　　　　　　邮　　购：010-62786544
　　　　　投稿与读者服务：010-62776969，c-service@tup.tsinghua.edu.cn
　　　　　质 量 反 馈：010-62772015，zhiliang@tup.tsinghua.edu.cn
　　　　　国家开放大学出版社　　　　　　　　　　　地　　　址：北京西四环中路 45 号
印 装 者：大厂回族自治县彩虹印刷有限公司
经　　销：全国新华书店
开　　本：185mm×230mm　　　　　　　　　　　印　　张：14.5　字　　数：278 千字
版　　次：2003 年 12 月第 1 版　　2021 年 2 月第 4 版　　印　　次：2022 年 1 月第 5 次印刷
定　　价：32.00 元

产品编号：091918-01

教材编审委员会

主 任 委 员

赵履宽　　陈　宇　　李林曙

副主任委员

刘　臣　　宗俊峰　　杨孝堂　　金　丹

委　　　员（以姓氏笔画排列）

丁　岭　　毛佳飞　　甘仞初　　艾大力　　古小华

叶志宏　　朱　枫　　任　岩　　刘志彬　　刘志敏

安鸿章　　孙永波　　孙庆武　　孙美春　　杨军毅

何赵萍　　张守生　　陈　敏　　陈　鲲　　赵菊强

徐　晨　　徐　斌　　徐学军　　常玉轩　　舒华英

甄源泰

编审译人员（以姓氏笔画排列）

于慧鑫　　王　妍　　王　娟　　亓凌燕　　代　姝

毕普云　　吕　慧　　李　亚　　李　岩　　李孟芒

张　昕　　周　畅　　倪志春

序　谈谈通用管理能力

　　培训创造机会、能力改变命运。能力培养和训练的重要性，现在无论怎么强调也不过分，而且已经成了吾国、吾土、吾官、吾民之共识。

　　今天更重要的问题反倒是：我们需要培训什么？学习什么？增长什么样的才干？获得什么样的能力？如果选准方向，则事半功倍，反之则有可能事倍而功半。

　　作为对这个问题的回答，1998 年，中华人民共和国劳动和社会保障部（2008 年与中华人民共和国人事部整合为中华人民共和国人力资源和社会保障部）部级课题"国家技能振兴战略"[①]首次把人的能力分成了三个层次：职业特定能力、行业通用能力和核心能力。

　　如图所示，在每一个具体的职业、工种和岗位上，都会存在一定数量的特定能力。从总量上看，它们是最多的，但是从适用范围看，它们又是最狭窄的。对每一个领域或行业来说，都存在着一定数量的通用能力。从数量看，它们显然比特定能力少得多，但是它们的适用范围涵盖整个行业领域。而就更大范围而言，还存在着少量从事任何职业或行业工作都需要的、具有普遍适用性的技能，这就是核心能力。

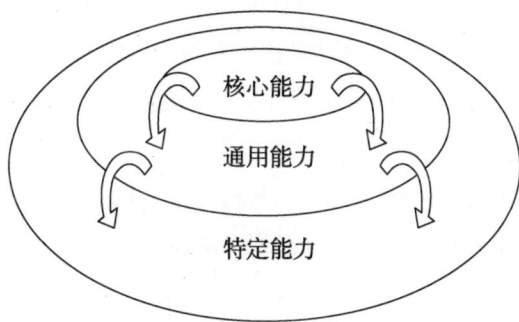

能力分层体系

　　长期以来，我国职业教育培训活动和职业资格认证制度把自己的工作重心集中于职业

---

　　① 中华人民共和国原劳动和社会保障部部级课题"国家技能振兴战略"于 1998 年 9 月 28 日通过部级评审鉴定。该课题主报告未正式出版，其主要内容可见（陈宇. 走向世界技能强国. 北京：中国长城出版社，2001.）中的同名文章。

特定能力，为数以百计的职业（或工种）制定了国家标准，在近千个职业（或工种）领域开展了职业技能鉴定工作①。这些工作对于推进我国职业教育培训和职业资格认证制度建设有重大影响和意义。但是，在过去的一段时间里，整个社会对通用能力与核心能力有所忽视。

实际上，通用能力与核心能力的应用范围，要远宽于职业特定能力，它们是相同或相近职业群中体现出来的、具有共性的技能和知识要求。因此，它们往往是人们职业生涯中更重要的、最基本的技能，也具有更普遍的适用性和更广泛的迁移性。开发和培育劳动者（或后备劳动者）的通用能力与核心能力，能为他们提供更广泛的终身从业和终身发展的能力基础，其影响和意义极其深远。

近年来，我国在通用能力和核心能力的研究和开发方面取得了可喜的成果。通用管理能力的推出，是我国在核心能力研究和开发取得重要成果后，在分层次能力研究和开发方面取得的又一个重要突破。

管理领域的特征和共性鲜明，人们对管理人才和管理能力的社会需求又特别强烈。因此，选择管理领域作为开发通用能力的实验场所是非常适当的。

管理领域已经有了很多的职业特定能力的标准、考试和证书，如营销师、会计师、统计师、物业管理师、人力资源管理师、企业信息管理师等②。然而，在管理领域有没有超越这些具体的特定知识和技能的通用性知识和技能呢？有没有一切管理者都应当共同具备的能力和才干呢？答案显然是肯定的。2002 年，中华人民共和国就业培训技术指导中心、劳动和社会保障部职业技能鉴定中心组织各界专家力量③，参照国外先进标准④，制定了我国第一个通用管理能力标准，把通用管理能力归纳成四种主要功能模块（自我发展管理，团队建设管理，资源使用管理，运营绩效管理）和两个层次（基础级和综合级）。现在，用于通用管理能力培训和认证的第一批教材和课程已经开发成功，正式面世。关于通用管理能力的评估、考核和测试的工作也在积极准备中。这是一个开创性的尝试，是非常有意义的理论和实践创新。

---

① 2020 年，国家发布的职业资格已发生变化。

② 2020 年，人力资源和社会保障部统一鉴定的项目已发生变化。

③ 许多专家和专业组织为这项工作的开展作出了努力，特别是北京天向互动教育中心作为通用管理能力开发的主要技术支持单位作出了重要贡献。

④ 我国通用管理能力的开发，借鉴了国外先进理念、技术和方法，特别是新闻集团 TSL 教育公司为本项目提供了重要资源帮助。

众所周知，通用管理能力的概念，在全球范围内提出的时间并不长，尽管各国都在进行相关研究，但是，在通用管理能力的内涵、范围、种类和影响等一系列基础性问题上，现在还没有完全统一的意见。况且管理本身既是严谨的科学，又是迷人的艺术：作为科学，它有自身的规范；作为艺术，它又无常法可循。无疑，我们今天提出的标准、编撰的教材、开发的课程都需要经受检验，都将不断改进、不断发展。实践是检验真理的唯一标准。中国的通用管理能力的培训认证只能走和中国管理实践活动紧密结合的道路；它们的成功与否也将唯一地取决于中国的管理实践。

坚冰已经消融，道路已经开通，中国的通用管理能力开发迈出了自己坚实的第一步。我们相信它将为我国管理人才的培养，企业效率的增长以及整个国民素质的提高作出自己独特的贡献。

陈　宇　教授

原中国就业培训技术指导中心主任

原劳动和社会保障部职业技能鉴定中心主任

前　言

一、项目介绍

现代社会中，个人的综合能力和素质是一个人职业生涯发展的基石，决定其一生成就的高低。为了适应现代社会高效率、多元化特点，从业者的职业生涯发展需要从强调单纯的工作技能，即"一专"，转变为全面提升个人的综合能力素质，即"多能"。这个"多能"，必须能通用于不同职业，必须能适应现代社会从业者面对的多变的社会环境和频繁的工作变换。通用管理能力，作为一种超越于某个具体职业与行业（如市场营销、人力资源等）特定知识和技能的，在不同职业群体中体现出来的，具有共性的管理技能和管理知识，由此应运而生，并日益受到社会的重视。具备通用管理能力的通用型人才，也日益为国内外企事业单位所青睐。

在职业活动中，具备通用管理能力的人才必须能够有效地设计达到目标的步骤，有效地规划自我活动和团队活动，有效地控制自我行为与调控团队行为，有效地组织和调动各类可控资源，有效地与团队一起成长并带领团队腾飞。无论你是普通职员，还是经验丰富的职业经理人；无论你埋头于具体事务，还是在政府或大型企业中使用和调动各种资源，都需要具备一定的管理知识和管理能力，掌握一定的管理技能和管理方法，并结合自身专业能力的不断提升，来实现个人的职业发展。

2002 年，由中华人民共和国劳动和社会保障部（2008 年与中华人民共和国人事部整合为中华人民共和国人力资源和社会保障部）职业技能鉴定中心组织、天向互动教育中心从具有全球影响力的新闻集团 TSL 教育公司引进并整合开发的通用管理能力课程体系，便是这样一个适应现代社会职业发展与人才培养需求的有效工具。

该课程体系融合西方最先进的管理理念，经过众多著名跨国公司的管理实践而得以改进与完善，为大量国外一流公司和大学所采用，是打造应用型职业经理人和增强职场竞争力的最有效工具。在保留原课程体系精粹的基础上，国内数十位管理学专家、学者与一线管理人员对原课程进行了精心的本土化改造。改造后的课程体系充分考虑了中国的管理实情与需求，是中国管理界迄今为止最为系统、最具实践指导意义的管理培训课程。同时，它采用了国际上先进的互动式、情景式、案例式和训练式的教学方法，真正实现了理念先进性和操作实用性的完美结合。

在此基础上，中华人民共和国劳动和社会保障部职业技能鉴定中心出台了国内第一个以管理水平为导向的从业者管理技能标准，正式将通用管理能力纳入管理培训认证体系。这套认证体系的推出，为我国各行业的广大从业者和准就业人群提供了一个全面学习基础管理知识和技能、提高职业素质和就业能力的机会，以使他们能够成为国家行业发展中所需要的具有通用管理能力的人才，有助于提升中国企事业单位管理层的管理能力与管理素质，培养并发展中国的高素质职业管理团队。

在本课程体系的编译过程中，中华人民共和国劳动和社会保障部职业技能鉴定中心、中央广播电视大学（已于 2012 年 7 月 31 日正式更名为"国家开放大学"）、中央广播电视大学出版社（已更名为国家开放大学出版社）、清华大学出版社、天向互动教育中心和通用管理能力教材编审委员会的人员付出了大量的心血，许多国内外管理教育学者、专家给予了悉心指导和热情帮助，限于篇幅，不能一一列出。在此，我们谨对所有关心和支持通用管理能力课程体系的各界人士表示由衷的感谢！

二、内容结构

《个人与团队管理》（第四版）（上、下册）是根据《通用管理能力教学大纲》的要求编制而成，上册由清华大学出版社出版，下册由国家开放大学出版社出版。本套教材内容充实，在正文阐述的基础上，按照知识点逻辑，配有案例、训练、测评等内容，可读性强，兼有知识性和实用性。行文逻辑与单元思维导图相对应，通过学习目标、学习指南、关键术语与本章小结、思考与练习等要素前后呼应，有头有尾，形成完整的知识结构链，为学习与应用提供明确的导引。

在第三版教材的基础上，第四版教材做了如下改进：第一，梳理了单元考核知识点，形成了思维导图；第二，加入了"延伸与拓展"元素；第三，更新了案例；第四，加入了二维码，扫码可观看单元简介、视频课程及答案要点。

本书是《个人与团队管理》（第四版）的上册，由自我规划、时间管理、沟通基础、工作沟通、融入组织五个学习单元组成。

管理自我的能力是管理者综合素质的基础，也是管理者必须具备的职业素养。素质的提高离不开持续的学习，而素质提高的前提则是对自己的正确认识和对自我发展的合理规划。在本册的"第Ⅰ单元 自我规划"中详细地讲述如何进行认知自我与职业规划。在这个过程中，一些有效的思考方法和实用的学习方式都会提供很大的帮助。

对于管理者来说，最宝贵的莫过于时间。时间利用率的高低，一定程度上决定了管理者的成败。所以在有了正确的目标和计划之后，管理者必须能够合理地规划时间、高效地利用时间，才能够保证它们的实现。"第Ⅱ单元 时间管理"中系统地讲述了如何有效地进行时间管理，为目标和计划的实现提供保障。

与他人交往的基础是沟通。具备良好的沟通能力是一个管理者取得事业成功的保证。日常生活中交流的形式多种多样，管理者可以根据不同的情境、不同的沟通对象选择不同的方式进行沟通。"第Ⅲ单元 沟通基础"介绍了沟通中一些基本知识和基本方式，这些沟通的基础知识可以帮助管理者更好地进行沟通。

在组织环境中，会议沟通、工作报告和工作谈判成为传达信息的最主要方式和手段。有效的沟通是组织中信息交流和决策制定的基础。"第Ⅳ单元 工作沟通"中介绍了一些与这些沟通方式相关的实用方法和技巧，它们将帮助管理者提高自身的工作沟通能力，开创一个良好的工作沟通局面。

良好的综合素质是管理者必须具备的。但是即便具备了一定的素质，如果不了解组织运作的知识，不能完全融入组织中，也不能称其为一个合格的领导者。"第Ⅴ单元 融入组织"搭建了一个由个人向团队、向组织过渡的平台，详细讲述了影响组织的因素、组织的目标、组织战略和组织文化。它从个人的角度详细地讲述了如何去认识组织、了解组织，从而真正将个人融入组织之中，并推动组织的发展。

三、资源特点

本课程的教学资源包括：文字教材、视频课程、期末复习指导及形成性考核和远程在线学习资源。各个教学资源相辅相成，由知识点串联，逻辑清晰，针对性强。

文字教材是本课程的主要教学媒体，学习的主要内容来源于文字教材。文字教材内容充实，既有一般阐述，又有案例引导，还有训练与练习，可读性强，兼有知识性和实用性。文字教材中引用的一些案例对学习者学习和理解课程内容有很大的帮助。文字教材使学生能够系统地掌握实用的管理知识和技能，并有机会在实践中加以练习与运用，将知识、技能、能力科学地衔接起来。

视频课程是本课程多媒体教学资源的重要组成部分。视频课程和文字教材既相互联系又互为补充。专题的内容基于文字教材，但又突破了文字教材的局限，有助于学习者开拓思路。

本课程还设计了期末复习指导及形成性考核用于指导学习者自主学习。其内容包括学习方法、学习步骤、练习题、模拟题和实践与实训的样题分析，以帮助学习者尽快了解本课程的主要内容，有的放矢地进行学习，从而获得最佳的学习效果。

此外，本课程在"国开学习网"上设置了视频专区，学习者可以在互联网上直接观看一些教学录像。同时，本课程还设置了网上讨论区，不管是教师还是学习者都可以在讨论区发言、讨论，进行学习交流。

四、学习导航

本课程体系的最大特色是提供了大量的应用指导和练习，这些内容有助于学习者将管理的概念和知识应用于实践。

课程中的训练活动多种多样、形式各异。有些训练活动以日常工作为基础，需要学习者将理论应用到实际工作中去；还有一些训练活动要求学习者将管理概念应用到案例研究中去；另外一些训练活动则要求学习者对新概念加以思考，检查自己对新概念的理解是否正确，或者对这些新概念应用于具体环境时的可行性加以评估。这些活动还将为学习者提供在"安全环境"（培训模拟环境）中应用各种管理技术的宝贵机会。

考虑到本课程体系自身的特点，为了让学习者快速地掌握整套书的结构和内容，我们专门设置了学习导航，指导学习者阅读和学习。

前　　言：概括了本书的篇章结构、内容顺序及相互之间的联系，帮助学习者掌握全书的知识脉络。

单元简介：概括每一个单元的主要内容，明确本单元讨论的主题。

思维导图：按照单元—章—节—考核知识点的结构，展示了清晰的行文逻辑。

学习目标：列在每一章的最前面，指明该章节中的知识和需要掌握的程度。

学习指南：指导学习者了解每一章的主要内容。

关键术语：提示每一章的关键点，帮助学习者把握学习重点。

正　　文：按照学习目标，展开的关于理论、方法、技巧等知识的详细论述。

步骤与方法：针对重要的知识点，给出在日常管理活动中常用的工具、方法和技术手段。

训练与练习：紧密结合上下文的知识点，通过思考及训练，解决实际问题，帮助学习者进一步理解并掌握书中的内容。

案例与讨论：给出与正文内容相关的案例，引导学习者进行讨论，然后解决案例中的实际问题，并给出指导和总结。

评测与评估：针对知识点进行测评，一般以选择题方式进行。这种评测可以帮助学习者在学习中对自己的能力做出评估。

延伸与拓展：为了使学习者更深层次地了解相关知识技能，加入经典理论和学科前沿知识介绍。

本章小结：对每个章节的内容进行回顾，强调知识点中的重点和难点。

思考与练习：学完每一章节的内容后，学习者可以验证自己对知识点的理解程度，找出没有理解的知识要点，以便更好地掌握所学知识。

实践与实训：综合单元内容，将学过的管理工具及解决方法模拟应用于工作或生活中。

单元测试：按单元进行自我测试，可以帮助学习者对学习效果做出一个初步的判断，以便进行下一步的学习。

学习网站：http://www.ouchn.cn。

通用管理能力教材编审委员会

2020 年 10 月

目　　录

第Ⅰ单元 自 我 规 划

　　无论工作还是生活，我们每天大部分时间都在忙碌中度过，总是无法从日常繁杂的困境中解脱出来。也许我们会想：我们这么忙碌，究竟是为了什么？我们的目标是什么？现在，你有机会坐下来认真思考这些问题了。

　　在本单元，你将有机会考虑个人所面临的一些问题，例如个人的目标和志向是什么、怎样选择未来等。你也可以想一想：如何工作才能过上愉快的生活。同时，本单元将向你逐一阐明以下观点：

○　想要攀登珠穆朗玛峰，一蹴而就是不可能的。你必须不断树立目标，一步一步地向前迈进；要回答一些非常规的问题，就要跳出条条框框进行思考，进行创造性思维，这需要经过持续不断的训练；对自己进行全面客观的评估，并以此为基础做出规划：自己想朝哪一个方向发展？又怎样实现自己的理想和目标？

○　你所希望的是改善或改变自己的生活，学习能够帮助你实现飞跃。在各种情形下学习，从而改变你的行为方式，实现自我发展。

○　个人的职业发展会面临很多选择，这些选择存在各种约束和限制。在决定自己的行动之前，要从各个方面仔细考虑，做一个比较合理的规划。

　　通过本单元的学习，你将明确个人未来的发展目标，增强自我认知和评估的能力，掌握有效的学习方法，积极主动地开发自我，不断提高自己的适应性，在职业生涯的道路上奋勇前进。

```
                                           思考你的目标

                                                              头脑风暴法的步骤
                               有效的思考方法
                                                              电子头脑风暴法的优缺点
                  自我认知
                               增强认知能力          增强认知能力的两种方法

                                                              SWOT分析法的概念
                               自我评价
                                                              个人SWOT分析法的应用


                                                              每个学习阶段及其特点
                               KOLB学习周期
                                                              反思
      自我规划
                  有效学习       学习的形式与效果       正式与非正式学习机会

                               学习障碍             克服学习障碍的方法


                               职业目标思考          ★ 长期、中期、短期目标
                  职业规划       设置SMART目标        SMART的五个方面
                               职业生涯规划          ★ 职业生涯规划的基本步骤
```

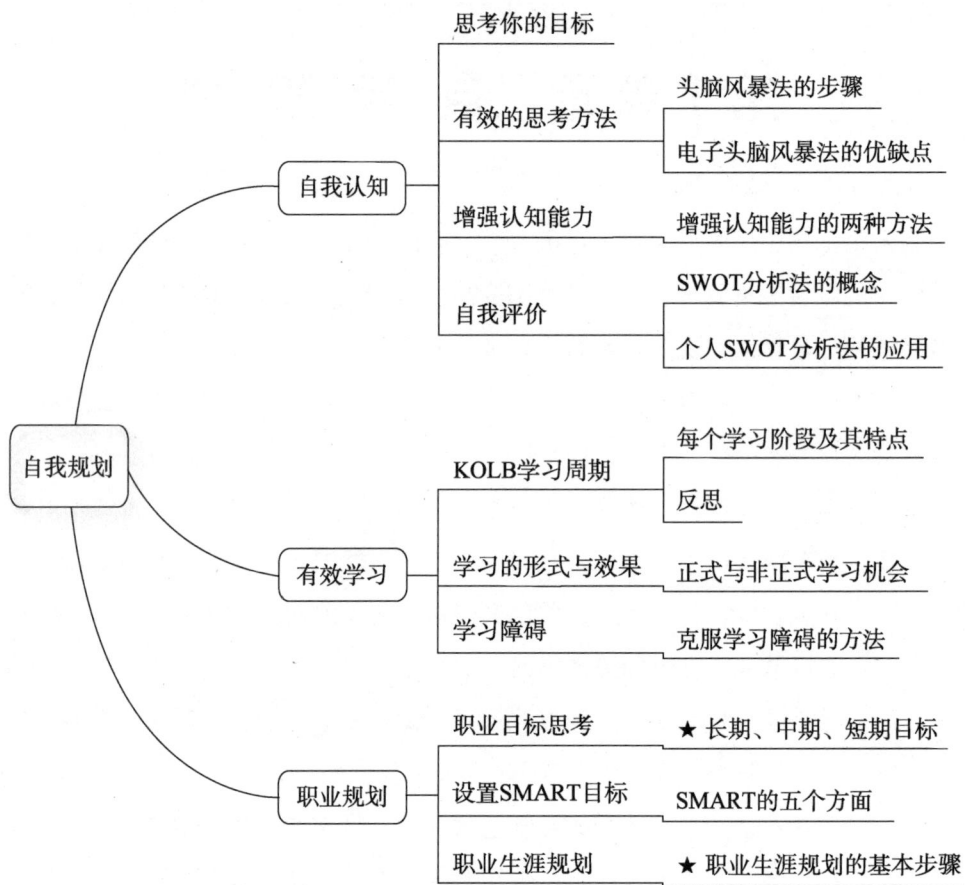

★代表本部分是案例重点考核内容。

扫描二维码，学习本单元概况。

第1章　自我认知

学习目标

　　1. 了解自我认知和确定发展目标的重要性；

　　2. 掌握提高自我认知能力的方法；

　　3. 重点掌握几种重要的思考方式和方法（如头脑风暴法）；

　　4. 重点掌握自我评估的方法（SWOT 分析法），能够对个人的优势、劣势、机会和威胁进行分析。

学习指南

　　本章将讨论未来目标的确定问题。着重讨论如何进行自我认知、怎样发展自我认知能力、怎样对自己进行评估等问题。确定目标除了采用常规的方法，还需要运用创造性思维，充分发挥自己的想象力，这样才能放开眼界、拓宽思路、树立正确的个人目标。同时也需要对自己的现状和能力有更加清晰、明确的认识。

关键术语

　　全脑思维　头脑风暴法　自我认知　反馈　SWOT 分析法

1.1　思考你的目标

　　每个人都会有自己的目标和愿望。激发自己的雄心壮志并展望未来是一件非常值得做的事情，而在头脑中树立明确的目标是走向成功的第一步。思考目标的过程就是确认自身价值、增强自信心、促使自己上进的过程。或许有很多时候你并没有意识到，但你还是会不断地受到目标的激励和鞭策。只有不断地审视和调整自己的目标，才能保持正确的努力方向。

　　对目标进行规划是为了努力向目标前进。但有时候人们的发展道路会面临突然变故，出现意想不到的情况。下面的案例就描述了这样的情况。

案例与讨论　好戏才刚刚开始

　　两年前我辞掉了技术部经理的职位。如果那时你问我是否有一个确定的目标，我的回答是"没有"。辞职之后我突然找不到生活的方向，我去应聘，但是和之前工作类似的职位很少，于是我开始白天看电视，晚上酗酒……很长一段时间后，我才开始认真思考：自己真正想干的事情是什么？是否应该考虑应聘其他类型的工作？

　　现在我在一家酒店任客户部助理。虽然职位不如以前高，但我确实非常喜欢这个工作。这里有我喜欢的团队和同事，新的工作更多的是策划和与客户接触，而不像以前那样需要整天对着计算机，工作节奏也不像以前那么紧张。

　　回头想一想，我奇怪刚辞职的时候为什么没有马上找这样的工作？当时的我已经陷入了成见的泥潭，需要一记当头棒喝，让自己摆脱定式。是挫折给我上了真正的一课，我可以说，"好戏才刚刚开始"。是的，我会再次达到新的目标！

　　问题：

　　○　你是否像案例中的人一样曾经面临突然变故？当时你是如何顺利度过的？

　　○　在规划自己未来的时候，你是否考虑过根据情况的变化做出相应调整？

　　总结：

　　无论在工作还是生活中，建立切合实际的目标非常重要。我们有必要随时对未来进行思考，很多时候还需要抛开成见。例如，思考一下你对未来有何感想和希望？你想从学习、工作或生活中得到什么？你希望自己的学习、工作或生活如何发展？

　　过一段时间可以再思考一下你自己的现状：从那以后你得到了什么？你是否达到了预定目标，是否有别的事情转移了你的方向？你现在是否接近原先所定的目标？在思考这些问题的基础上，你可以更深入地理解什么是目标、目标的作用以及如何才能更好地向自己的目标迈进。

1.2　有效的思考方法

　　前面讨论了建立目标的重要性。在思考目标的时候，最重要的是解放自己的思想、拓展自己的思路、摆脱思维定势的束缚。下面介绍几种常用的思考方法，这些方法可以帮助你更加有效地对自己的目标进行思考。

1.2.1　全脑思维

　　奥恩斯坦在1972年提出了一个理论：人的大脑分为左脑和右脑，两个脑半球各自作为一个独立的部分与另一部分协调工作，每一部分都控制着身体的不同部位和特定的神经活动——右脑控制身体左半部分的运动以及疼痛、愉悦之类的感觉，而左脑则控制身体右半部分，两个脑半球分别控制着不同的智力活动。当大脑的某一半球受到损伤时，另一个半球可以"学习"如何完成受损半球的工作。图 1-1 列出了各半球"主管"的活动。

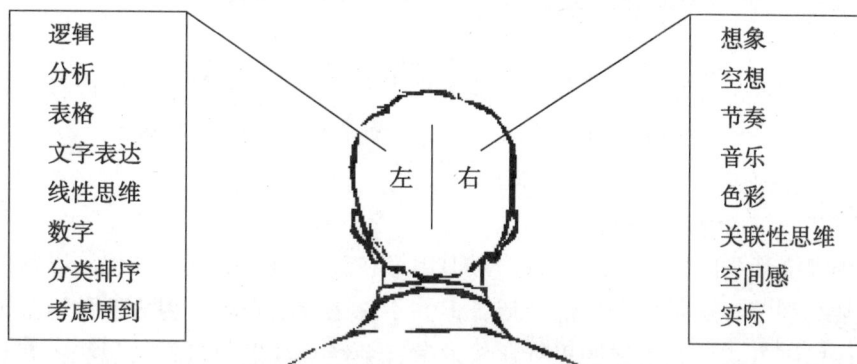

左	右
逻辑	想象
分析	空想
表格	节奏
文字表达	音乐
线性思维	色彩
数字	关联性思维
分类排序	空间感
考虑周到	实际

图 1-1　大脑左右半球"主管"的活动

下面的评测与评估可以帮助你了解自己通常更倾向于使用大脑的哪个半球。

评测与评估　你善于使用大脑的哪个半球

指导：

这个测验能够测试出你最常使用的是哪一半的大脑。根据自己的实际情况在表 1-1 的 16 个问题中进行多项选择：

表 1-1　测验：你善于使用大脑的哪个半球？

☐ 1. 擅于表达	☐ 9. 具有优秀的策划能力
☐ 2. 擅长处理数字	☐ 10. 擅长提出新想法
☐ 3. 对色彩敏感	☐ 11. 空想家
☐ 4. 喜爱音乐	☐ 12. 制作表格的行家里手
☐ 5. 逻辑性强	☐ 13. 能够理性地思考
☐ 6. 具有创造力	☐ 14. 能够凭直觉思考，可以从一个想法跳到另一个想法
☐ 7. 精于分析	☐ 15. 很实际的人
☐ 8. 空间感强（设计、舞蹈）	☐ 16. 考虑周到的人

第 1、2、5、7、9、12、13 项和第 16 项描述的是典型的左脑活动；第 3、4、6、8、10、11、14 项和第 15 项的描述是典型的右脑活动。每个选项为 1 分，请根据上面的分类

得分进行累加。

问题：

○ 你的得分情况怎样？得分：左脑＝（　　　　　）　右脑＝（　　　　　）

○ 你倾向于使用大脑的哪一半球，你是否能够均衡地使用左、右半球？

○ 你是否能够有计划地开发你不擅长使用的另一半大脑？

总结：

根据测试结果，你可以知道自己比较擅长使用哪一半的大脑。大脑的这些能力是可以不断开发的，你可根据自己的情况制订一个计划来开发自己的大脑。

1.2.2　思维导图

人们在围绕某一问题进行思考时，习惯用笔在纸上随手记下各种想法以帮助自己思考或记住某些细节。这是一个好的习惯，但并不总是行之有效。因为这种记笔记的行为只适合线性思维方式。如果你的思维比较发散，会经常产生很多新的想法，并且需要不断对自己的想法进行修改、添加或做出一些调整，那么做笔记就无法满足你的需要了。在这种情况下你可以借助绘制思维导图的方法，它在许多场合发挥了作用。

托尼·巴赞在 1974 年出版的《开动脑筋》一书中首先提出了这种方法。这是一种创造性思考方法，它能够帮助人们围绕某一主题进行思考。绘制思维导图的技术简单易行，每个人都可以按照自己的方式使用，而不必生搬硬套。思维导图的用处是多样的，对于思考人生也有帮助。下面这个训练与练习将教会你如何使用思维导图，同时对自己的理想生活进行规划。

训练与练习　你的理想生活是什么？

指导：

○ 用一张白纸绘制你理想生活的思维导图。

○ 准备一张白纸，越大越好，再准备一些笔，最好是彩笔；

○ 在白纸中央写下你的思考主题（例如我的理想生活）并用圆圈圈起来；

○ 从思考主题引出一条线并在末端标注文字（关键思路），例如职业、关系、居所等并用圆圈圈起来，再从关键思路上引出支线。这些支线代表了来源于关键思路的想法。每个想法都用一条线表示，如从"关系"线出发的引线及标注可能会包括标有"爱人""同事""孩子"等的分支；

○ 如果需要，还可以从这些分支上再次引出分支（例如："有乐趣""支持"等都可能是"同事"的分支）；可以用箭头、颜色和符号将分支或线连接起来。

这样经过对各个分支的认真思考并记录，你便可以得到一幅完整的思维导图（见图 1-2 ）。

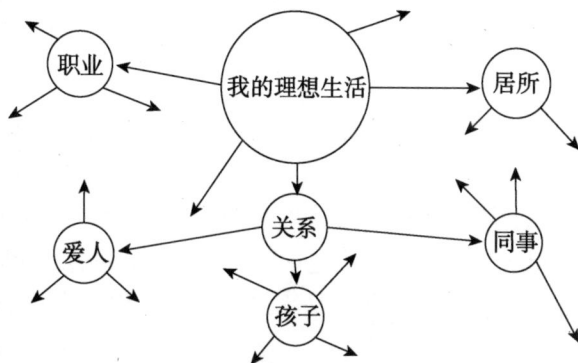

图 1-2　思维导图的绘制

问题：

○　某些事项是否不止一次地出现（这些事项表明你的价值取向）？它们是什么？

○　目前的生活与理想生活有多少相似之处？这些相似之处是什么？区别又是什么？

○　想一想你现在能够做什么事情来缩小目前生活与理想生活之间的差距。

总结：

上面的练习帮助你运用思维导图思考自己的理想生活。你还可以通过回答上面几个问题来思考目前生活和理想生活之间的差距，并通过有计划的行动来逐步缩小这个差距，早日过上理想的生活。

除了用手绘制，还有许多软件可以帮助你绘制思维导图。有些可视化的绘图软件提供了直观、友好的用户界面和丰富的功能，这将帮助你有序地组织思维。运用比较普遍的软件有百度脑图、WPS 思维导图、Mindline、迅捷思维导图、Inspiration、MindManager、MindMapper、Freemind 等。

1.2.3　头脑风暴法

头脑风暴法是一种普遍应用的思考工具和方法，正确地使用头脑风暴法可以为我们带来很大的收益。常见的头脑风暴法有个人头脑风暴法与团队头脑风暴法。团队头脑风暴法是一种利用集体智慧思考和解决问题的创新性思维方法。下面我们重点讨论个人头脑风暴法的步骤和注意事项，同时对团队头脑风暴法中的电子头脑风暴法做简单介绍。

在理想情况下，头脑风暴法的步骤分为两个独立阶段：第一个阶段是提出想法（通常是大脑右半球思考）；第二个阶段是批评、评估并对各种想法进行进一步的筛选（通常是大脑左半球思考）。这两个阶段不能同时进行。

步骤与方法　头脑风暴法的步骤

阶段一：此时需要笔和纸，当出现某些想法时，可以快速地记录下来。

- ○ 尽可能多提一些想法；
- ○ 让思想自由翱翔，不要怕会有荒谬的想法产生；
- ○ 简要记下这些想法——尽可能快地记下来，这样就不会打断思路；
- ○ 不要判断、批评或思考（这些都是第二阶段的工作）；
- ○ 在已有想法的基础上形成新想法——对上一个想法进行一些修改就可以形成另一个想法；
- ○ 不要踌躇——在这一阶段一定要多提想法，一直到提不出新想法为止。

阶段二：该阶段要挑出需要保留的想法并剔除那些无用的想法。

- ○ 仔细检查所有想法，划掉那些不需要的。在去掉这些想法的时候不要仓促行事，先要判断能否利用这些想法，如果能，就需要思考应该如何利用；
- ○ 考虑剩下的想法，并根据价值或有用性对这些想法进行编号排序（你可以根据顺序重新写一份）；
- ○ 然后就可以继续工作，处理剩余的想法。

上面总结了头脑风暴法的一些规则，下面的训练与练习可以帮助你掌握这个重要的思维方法，并通过它思考自己的理想工作。

训练与练习　头脑风暴法

问题：

使用头脑风暴法思考你想要从工作中得到什么。下列的要点可能对你的思考有所帮助。

- ○ 你擅长的工作种类；
- ○ 你适应的工作环境（与他人共同工作或独自工作）；
- ○ 你需要工作的时间；
- ○ 社会地位、福利待遇、工作性质。

总结：

头脑风暴法是一种创新思维方法，比较简便而又行之有效。它可以使你摆脱传统思维方式的限制，使思维得到解放。通过本练习，你可以对自己的真正目标有更深入的了解，在对自己更加了解之后，你需要根据实际情况做出相应调整，使自己的愿望早日实现。

头脑风暴法发展到现在，出现了很多其他的形式，比如常用于团队的电子头脑风暴法（Electronic Brain Storming，EBS）。电子头脑风暴法也是一种产生想法的重要手段，它利用计算机让大家进行思想交流。一般情况下，电子头脑风暴法通过邮件、公告、视频会议等方式把远距离的意见汇集到一起，与会者只需要通过键盘交流，他们的想法会显示在一个大屏幕上。这些想法是匿名的，以便大家都能无拘无束地发表更多意见。相比于传统的头脑风暴法，电子头脑风暴法有很多不同的特征，下面这个训练与练习将会帮助你思考电子头脑风暴法的优缺点。

训练与练习　电子头脑风暴法的优缺点

问题：

思考电子头脑风暴法的特点，归纳出哪些特点使得工作更加便捷。在此基础上，总结出电子头脑风暴法的优缺点。

总结：

电子头脑风暴法的参与者通常不会因为他们的各种行为而被识别出来。一般情况下，他们只需点击一下按键就可在大屏幕上看到其他成员的意见，并做出评估。这使征集想法、制定决策的过程简便了许多。但是它也有一些自身的缺点。具体内容见表1-2：

表1-2　电子头脑风暴法的优缺点

优　　点	缺　　点
○　思想平行而入 　　所有成员可同时产生想法，在交流的过程中不分先后 ○　匿名性 　　EBS 的匿名性使人消除心理障碍和顾虑 ○　更多人员参与 　　可以不受场地限制，允许更多人参与 ○　同步性 　　即使参与者不在同一地方也能够相互交流 ○　会议记录 　　方便了会议记录的创建和组织。无论是否参加会议，员工都可通过计算机查看会议内容 ○　想法的改良与评估	○　效率受规模限制 　　小型团队的 EBS 会议收效不一定高 ○　社会互动减少 　　EBS 阻碍了成员间的互动，而且没有直接互动会有可能产生误解，错误传达信息 ○　权威的损失 　　EBS 的平等性使得组织的高层人员失去了往日的权力，因为他们习惯了自己的想法被执行 ○　缺乏赞许 　　提出意见的与会者得不到赞许。与此同时，EBS 的参与者认为他们的所作所为对于团队没有起到作用

优　　点	缺　　点
EBS 可用专业软件来改善、组织并评估意见 ○　平等性 　　EBS 把每个参与者都放在同一高度，也就是说无须通过等级、地位之分来管理会议	

1.3　增强认知能力

1.3.1　自我认知

　　斯蒂芬·柯维（Steven Covey）说："自我认知能够帮助我们站在旁观者的角度研究和理解自己，它不仅影响我们自己的行为和态度，还影响我们采取怎样的方式看待他人。"

　　如果一个人对自己没有正确的认识，不能发现自己的缺点和不足，就会缺乏自我学习、自我完善和自我发展的动力，更谈不上管理他人了。对于管理者来说，不仅需要较高的智商（Intelligence Quotient，IQ），还需要有较高的情商（Emotional Intelligence Quotient，EQ）。其中情商水平的高低对个人自我认知的程度起着重要作用。下面我们重点阐述情商的知识。

　　情商又称情绪智力，主要是在情绪、情感、意志、耐受挫折等方面的品质。具备较高情商的人一般十分敏锐，易于相处，能够体会或理解他人的感受，并且善于换位思考。这些品质对管理者来说是非常重要的。情商是控制自我情绪的方式，是对自己和他人情感的直觉和理解，也是人与人交流中需要重视的方面。尽管情商在管理科学领域曾不被承认，但是以自我认知为核心的情商已被认为是一种重要能力。开发和增强自我认知对于团队领导者主要有下面三项好处：

　　○　了解自己以及团队成员的优势和劣势，这意味着能更有效地发挥个人和团队的能力；

　　○　了解自己是怎样看待这个世界的，这意味着退后一步对自己进行客观的评估，认识到他人的看法可能和自己不同——以便更好地与他人沟通；

　　○　了解自己的情感以及对他人情感的反应，可以帮助个人处理一些复杂的情感环境，如冲突、失望或情感变化，从而能够更好地管理自己和他人。

　　尽管大多数人都对自己有一定程度的了解，但只有极少数人对自己有深入的了解——对自己了解全面的人一般都掌握了自我认知的方法。表 1-3 是由情商研究专家理查德·博

10

雅齐斯（Richard Boyatzis）提出的与工作相关的情商。

表 1-3　情商框架（博雅齐斯）

项　目	自我（个人能力）	他人（社会能力）
认　知	自我认知 了解自己的情感 ——情感自我认知 ——正确的自我评估 ——自信	社会认知 了解他人的情感 ——移情作用 ——理解他人
调　节	控制自己 控制自己情感（尤其是消极情感）和冲动行为的能力 ——自我控制 ——尽责 ——适应性 ——自我激励 ——主动性	处理关系 与他人共事并完成工作的能力 ——建立联系 ——沟通 ——控制冲突 ——领导能力 ——协同与合作 ——培养与发展员工 ——影响和说服

11

人们总是觉得很了解自己，但是这种认知却往往和周围的人（包括朋友、同事、家人等）对自己的看法不相同。下面的评测与评估可以帮助你评估自我认知的情况。

评测与评估　对自我和对他人的认知

指导：

根据自己的情况，针对表 1-4 中的每个问题在"从不""很少""有时"或"经常"四个答案中做出相应选择。

表 1-4　对自我和对他人的认知

考 虑 自 我				
1. 你感到被误解吗？	从不	很少	有时	经常
2. 你是否发现自己已经说过，但别人并没有听到？	从不	很少	有时	经常
3. 你是否认为没有人了解"真实的你"？	从不	很少	有时	经常
4. 你确实知道别人怎么看你吗？	从不	很少	有时	经常

考 虑 他 人				
5. 别人对你的看法与你对自己的看法一致吗？	从不	很少	有时	经常
6. 他人的反应让你吃惊吗？	从不	很少	有时	经常
7. 他人在介绍自己的时候，你是否并不太在意？	从不	很少	有时	经常
8. 有关工作的进展情况，你是最后一个知道的吗？	从不	很少	有时	经常
9. 你能预见到他人会有怎样的反应吗？	从不	很少	有时	经常
10. 你能正确理解他人的情感吗？	从不	很少	有时	经常

总结：

1. 考虑自我

○ 如果问题 1、问题 2 和问题 3 选择了"经常"，问题 4 和问题 5 选择了"从不"或"很少"，那么你需要提高你的自我认知水平；

○ 如果问题 1、问题 2 和问题 3 选择了"从不"或"很少"，问题 4 和问题 5 选择了"经常"，表示你的自我认知水平较高；

○ 如果在某些问题上选择了"有时"或"很少"的答案，意味着你在这些方面还有进一步提高的空间。

2. 考虑他人

○ 如果问题 6、问题 7 和问题 8 选择了"经常"，问题 9 和问题 10 选择了"从不"或"很少"，说明你需要加强对他人情感的认知；

○ 如果问题 6、问题 7 和问题 8 你选择了"从不"或"很少"，问题 9 和问题 10 选择了"经常"，说明你对他人情感的认知水平较高；

○ 如果在某些问题上选择了"有时"或"很少"，意味着你在这些方面还有进一步提高的空间。

1.3.2 反思与反馈

增强自我认知能力的方式有很多种，其中最重要的两种是：

○ 反思自己的行为及行为造成的后果，并从中总结经验或教训（可以参考 2.1 "KOLB 学习周期"的内容）；

○ 获得他人的反馈。

观察、阅读、讨论以及实践活动都可以增强自我认知能力，但是如果不进行反思，这些活动就不能充分发挥作用。反思是一种学习方式。

如果我们有意识地寻求反馈并接受反馈，那么反馈将无处不在。下面的训练与练习将帮助你思考自己在反馈方面的问题以及应该寻求什么类型的反馈。

训练与练习　对反馈的思考

问题：

○　在你日常的工作学习中接收到的反馈大多是什么类型的？

○　你收到消极反馈的时候有什么感觉？

○　你会积极寻求反馈吗？

○　在寻求反馈之后你会如何行动？

总结：

许多人能够接受反馈，但是并不喜欢消极的反馈。另外，虽然周围的人在不断发出反馈信息，但人们往往只被动接收，很少主动寻求。提供反馈的人也不能总是提供具有建设性的反馈意见，所以在改进自我认知时最重要的是主动寻求建设性的反馈。

下面的案例与讨论可以帮助你理解应该如何积极寻求反馈。

案例与讨论　积极寻求反馈

13

米兰达是一名销售经理，她经常抱怨老板给的反馈太多。她对同事吉米抱怨说："老板经常对我的工作表示肯定，但是却没有任何其他指导性的意见。这难道是对我个人有什么意见吗？"

她深思熟虑自己需要的各种反馈之后，决定跟老板谈一谈。她向老板询问要怎样才能得到有意义的回复和积极的反馈，并且委婉地问老板是不是对工作或者对她个人有什么误解？

经过交谈后，老板开始给她更有建设性的反馈，并详细为她讲解她处理日常事务中的经验，增进她的技能。"现在我工作很愉快，老板会及时通知我该如何行事。"她说。"反馈的好处，最终远远超过当初要求反馈时的尴尬。"

问题：

米兰达是个善于接受反馈的人吗？

总结：

寻求反馈是提高自我认知的有效途径，也是发展技能和能力的有效途径。在实际工作中，大家都有需要反馈的时候，应该积极主动地寻求反馈，以期提高自我认知能力。

上面的内容说明改进自我认知时应积极主动地寻求反馈。但面对各种不同的反馈意见，你究竟应该如何吸收？如何分析反馈是有益还是无益？下面的训练与练习帮助你解决这个问题。

训练与练习　有益的反馈

问题：

接收到反馈后如何分辨是否为有益的反馈？你欢迎这些反馈吗？

总结：

能够使你得到收获的反馈肯定会受到你的欢迎。什么样的反馈受欢迎，你的答案可能包括以下几个方面：

- ○　当你主动寻求反馈时；
- ○　当你需要提高和改进时；
- ○　当反馈具有针对性和建设性时；
- ○　当反馈来自于你尊敬的人时；
- ○　当你做好倾听准备时。

消极的反馈会令人不愉快，特别是那些出乎意料的反馈。当消极的反馈非常尖锐，如一味批评却不指出如何才能改正时，情况就会很糟糕。但我们可以通过预见反馈、主动寻求反馈、采取积极的态度（将反馈视为一种经验学习而不要认为是对个人的攻击）来正确对待不同的反馈。下面的步骤与方法说明了在接受反馈时的一些要点。

步骤与方法　接受反馈的方法

- ○　将其视为是有价值的；
- ○　采取积极主动的态度寻求反馈和改善的建议；
- ○　听取事实，并寻求细节的例子和说明；
- ○　把反馈看作是对自己行为或工作的批评，而不是针对个人的攻击；
- ○　要认真倾听，让别人说完，不要插嘴或争吵。

在处理与他人的关系时，应该具备较高的自我认知能力和情商。对于团队领导来说，这一点尤为重要。二者的相互结合是提高自己能力的关键。主动寻求反馈能够有效增强自我认知的能力。

1.4　自我评价

无论是正式还是非正式的自我评估，都是个人发展过程中非常重要的一个环节。在自我评估过程中需要实事求是的态度，既要肯定自己的能力，又要正视自己的不足。他人的非正式反馈在评估过程中也起着重要作用：比如你以为自己并不擅长某件事而别人却一再对你肯定，这样的情形不应该被忽略。事实上，接受积极反馈和接受消极反馈一样难。接受反馈时，如果你并不能立即确定它正确与否，不妨寻求事实和细节证据，这样才能从中受益。

1.4.1　能力评估

能力体现为在某一领域是否能够有效地胜任工作、是否具备完成工作所需要的技能和知识。下面的练习要求你就某些关键领域的能力对自己进行评估。通过下面的评测你可以对自己的能力有所了解并确定自己在发展过程中的位置。需要强调的是，在进行自我评估时一定要实事求是。

评测与评估　评估你的能力

指导：

按照下面的陈述对自己各方面的能力进行评估，根据实际情况在"一直""常常""有时""很少"等选项中做出选择。

表1-5　领导能力

陈　述	评　估			
	一直	常常	有时	很少
我对团队的绩效负责	1	2	3	4
我很清楚自己对团队成员的预期，并且建立了一致的标准	1	2	3	4
不管团队成员绩效如何，我都能够给出及时的反馈	1	2	3	4
我能够为团队成员的发展和学习提供支持	1	2	3	4

表1-6　激励成员的能力

陈　述	评　估			
	一直	常常	有时	很少
我承认团队中个人的贡献，并会给予恰当的评估	1	2	3	4
我与团队成员一起讨论他们的工作安排	1	2	3	4
我能将团队成员的需求与公司的需求联系起来	1	2	3	4
我对公司和团队的工作积极热情	1	2	3	4

表 1-7　自信

陈　述	评　估			
	一直	常常	有时	很少
我知道自己能把工作做好	1	2	3	4
我会适当拒绝不合理的要求	1	2	3	4
我在团队环境中如鱼得水，很愿意说出自己的想法，提出自己的建议	1	2	3	4
我考虑自己，也考虑他人和他人的情感	1	2	3	4

表 1-8　协作

陈　述	评　估			
	一直	常常	有时	很少
我与团队成员相处融洽	1	2	3	4
我尊重、重视团队中他人的意见和观点	1	2	3	4
我与团队成员分享信息	1	2	3	4
我尊重他人的隐私	1	2	3	4

16

表 1-9　建立开放、积极的氛围

陈　述	评　估			
	一直	常常	有时	很少
为了他人的利益，在困境中我也能保持积极的态度	1	2	3	4
我考虑自己的行为/态度对团队造成的影响	1	2	3	4
我能够充分信任他人	1	2	3	4
我尊重他人的时间	1	2	3	4

表 1-10　培训与发展员工

陈　述	评　估			
	一直	常常	有时	很少
我从各个方面发展团队成员	1	2	3	4
我承认发展的价值和重要性	1	2	3	4
我花时间为团队成员设计并创造发展机会	1	2	3	4
我能容忍团队成员的过失，并视之为学习过程中的一部分	1	2	3	4

表 1-11 管理团队绩效

陈 述	评 估			
	一直	常常	有时	很少
我为团队成员树立榜样	1	2	3	4
我与他人相处时态度坚决但不威胁	1	2	3	4
我与团队成员沟通并明确责任和目标	1	2	3	4
我承认并挑战团队的低绩效状态	1	2	3	4

表 1-12 沟通

陈 述	评 估			
	一直	常常	有时	很少
我能够目的明确、恰当地进行沟通	1	2	3	4
我的信息能被人正确理解	1	2	3	4
我在阐述想法时尽量使大家一致认可	1	2	3	4
我根据不同情况和听众采取相应的沟通方法和风格	1	2	3	4

表 1-13 决策和解决问题

陈 述	评 估			
	一直	常常	有时	很少
我在恰当的时间做出妥善的决策	1	2	3	4
我很灵活，能够根据不同情况改变自己的方法	1	2	3	4
我对自己做出的决策负责	1	2	3	4
我能够正确找出真正的问题所在	1	2	3	4

表 1-14 实现目标

陈 述	评 估			
	一直	常常	有时	很少
我认真完成每项任务	1	2	3	4
我寻求方法提高绩效	1	2	3	4
我主动控制，并对自己和团队的工作负责	1	2	3	4
我按照自己的工作方式组织工作	1	2	3	4

○ 如果上面各方面陈述中的大多数都选择1，没有出现3或4，那么该方面的评估结果是优秀；

○ 如果评价中某方面有两个以上的3或者出现一个4，即使其他陈述的评估都是1，那么在该方面仍需要改进；

○ 如果出现不止一个4或者两个以上的3，那么在该方面的评估结果是较差，需要进一步提高。

将各方面的得分进行累加：

领导能力 = _____   激励成员的能力 = _____

自信 = _____   协作 = _____

建立开放、积极的氛围 = _____   培训与发展员工 = _____

管理团队绩效 = _____   沟通 = _____

决策和解决问题 = _____   实现目标 = _____

完成上面的评估之后，请思考你的工作，并写下"陈述"中你做得较好的三件事：

_____

写下"陈述"中做得不好的、需要进行改进的三件事：

_____

总结：

通过上面的练习，你对自己在各方面的能力有了一个大致的了解，并且总结出自己在工作中做得比较好的和需要改进的方面。这些思考和练习有助于你对自己更加了解，从而针对自己的具体情况做出相应的提高和改进。

1.4.2 SWOT 分析法

采用前面的方法对自己进行系统的思考评估后，你可以清晰地认识到自己在哪些方面做得比较好，在哪些方面存在不足。但是，对于自己究竟具有什么样的优势和劣势，你可能还不是非常清楚。在这里我们介绍一下 SWOT 分析法，它能够帮助我们对自己的优势、劣势、机会、威胁做出比较详细的分析。首先我们了解一下 SWOT 分析法的概念。

SWOT 分析法又称为态势分析法，是一种能够比较客观而准确地分析和研究一个组织现实情况的方法，或者用来对自我进行全面的评估。SWOT 分析法中的四个英文字母分别代表：优势（Strength）、劣势（Weakness）、机会（Opportunity）、威胁（Threat）。

从整体上看，SWOT 分析可以分为两部分：第一部分为 SW，主要用来分析内部条件或因素，发现优势和劣势；第二部分为 OT，主要用来分析外部条件，发现机会和威胁。利用这种方法可以找出对组织或自己有利的、值得发扬的因素，以及对组织或自己不利的、要避开的因素，发现存在的问题，找出解决办法，并明确以后的发展方向。可以将这些研究对象列举出来，依照矩阵形式排列，然后用系统分析的思想，把各种因素相互匹配起来加以分析，从中得出一系列相应的结论。

延伸与拓展　SWOT 战略框架

　　SWOT 不仅能对个人和组织进行分析，也可以用于战略制定：

　　第一种战略，就是 SO 战略（增长型战略），利用你的优势、抓住机会。

　　第二种战略，是 WO 战略（扭转型战略），是弥补你的劣势，通过改善自己，来抓住机会。

　　第三种战略，是 ST 战略（多种经营战略），就是发挥自己的优势，规避企业面临的威胁。

　　第四种战略，是 WT 战略（防御型战略），就是将你的劣势最小化，或者快速弥补劣势，来规避威胁。

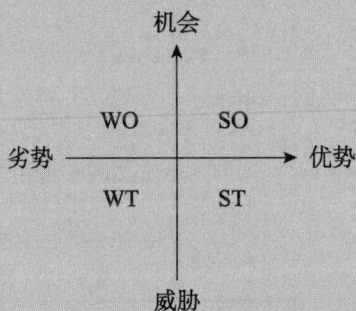

图 1-3　SWOT 战略框架

　　SWOT 分析法的优点在于考虑问题全面，是一种系统思维，而且可以把对问题的"诊断"和"处理"紧密结合在一起，条理清楚，便于检验。作为一个有效的分析工具，SWOT 分析法不仅可以用来分析组织，也可以用来分析个人发展。接下来的训练与练习要求你系统分析自己的优势、劣势、机会和威胁，这样你便可以更清楚地了解自己。

　　——刘鹏.《遂宁广播电视报》的营销模式研究[D]. 重庆：重庆大学，2014.

训练与练习　个人 SWOT 分析

　　指导：

　　利用在本节收集的所有信息，对自己的工作、职业、生活及大环境进行研究，制定一份个人优势、劣势、机会和威胁（SWOT）的分析报告。

首先对自身条件进行客观分析：

○ 你的优势：擅长的技能、所学的专业、与人的交流沟通等；

○ 你的劣势：不擅长的地方，并思考是否可以进行弥补。

然后研究大环境并确定：

○ 你的机会：你取得发展、改善绩效和在工作中取得进步的机会；

○ 你的威胁：组织或经济上出现的、会对个人造成不利影响的变化。

表1-15是一位制造业公司团队领导编写的个人SWOT分析。

表1-15　个人SWOT分析实例

优势	劣势
○ 有很强的学习能力和模仿能力； ○ 能与团队进行良好的沟通与合作； ○ 能积极应对外部压力和困难； ○ 具有责任心和事业心。	○ 对新手缺乏耐心的指导； ○ 经常承担超负荷量的工作。
机会	威胁
○ 上司的重视使我能经常得到锻炼； ○ 公司的定期培训使我不断完善自己； ○ 公司的工作环境使我能接触各种客户，不断学习。	○ 行业的大环境处于前景不佳的状态； ○ 和我同级的其他人同样是雄心勃勃，非常希望能利用机会晋级； ○ 主管经理有离职的打算，她的继任者可能对帮助我取得进步不感兴趣。

根据上面指导和例子，在表1-16中填写自己的个人SWOT分析结果。

表1-16　个人SWOT分析

优势：	劣势：
机会：	威胁：

问题：

完成上面的表格后，分析并回答下面的问题：

○ 你在工作中应该如何充分利用自己的优势？如何进一步发挥这些优势？

○　应该做些什么来弥补自己的劣势?

○　从明天开始你怎么改善?

○　针对外部的威胁,你个人可以做些什么来降低威胁的程度?

总结:

这个练习帮助你对自己做了 SWOT 分析,现在你应该很清楚自己工作方面的优势和劣势,工作环境中的机会和威胁。你应该结合自己的情况,做出改进和提高的规划。

个人优势、劣势、机会和威胁分析是个人分析中一个非常重要的工具。上面你利用这个工具分析了自己的能力和工作中需要面对的情况。经过以上的分析和练习,相信你已经具备了一定的自我认知水平。在 14.2.4 "组织 SWOT 分析"中,我们将把 SWOT 分析法用于对组织的现状分析。

本章小结

绘制思维导图并使用头脑风暴法,可以科学地思考个人目标。经常反思以及正视他人的反馈,有利于增强自我认知能力。使用 SWOT 分析法,便于正确地进行自我评价。本章你需要掌握这几种方法,将其运用到工作学习中。

思考与练习

1. 什么是头脑风暴法? 头脑风暴的步骤分为哪几步?

2. 电子头脑风暴法的优缺点都有哪些?

3. 如何增强自我认知的能力? 在日常生活中你是怎样了解自己和他人的?

4. 什么是 SWOT 分析法? 个人 SWOT 分析对你有什么帮助?

第 2 章   有 效 学 习

学习目标

    1. 了解在工作中学习的基本形式和基本方法；

    2. 掌握如何通过学习增强自身优势；

    3. 掌握排除学习中遇到的各类障碍的方法；

    4. 重点掌握 KOLB 学习周期理论。

学习指南

    前面的一些思考方法帮助你了解了自己的现状和能力水平，评估了自己的优势和劣势，并研究了可能面临的机会和威胁。本章将讲述怎样进行有效的学习以提高自身的能力，向目标进一步迈进。

关键术语

    KOLB 学习周期　　反思　　学习形式　　学习障碍

2.1　KOLB 学习周期

    人们就是在不断的学习中发展进步的，学习是一个循环往复的过程。图 2-1 的学习周期示意图展示了人们学习所要经历的四个阶段，它是由成人学习专家科勃（David Kolb）提出的。

    学习周期中，每个单独的阶段都不能称为完整的学习过程，都需要自然而然地过渡到下一个阶段，所有阶段都同等重要，一起构成完整的学习过程。不过，人们可以根据自身的环境、习惯和喜好从周期的任意一个阶段开始学习。

步骤与方法　学习的过程

    ○　从获得经验开始学习

    首先可能会发现自己正在实践一些从未做过的事情（如写报告），然后根据刚做过的（或者正在做的）事情进行反思。接下来，分析对这件事情的看法、完成它的难易程度、是否能利用以前的经验解决等，随后，将经验应用于相同或类似的情况中。

○　从反思阶段开始学习

首先要总结从实践中获得的知识，并对这些知识进行研究；然后将所有信息汇总，从中得出结论，接下来决定应该怎样应用自己的知识进行实践。

○　从理论化阶段开始学习

首先从书本或课程中得到相关知识；然后决定怎样应用理论进行实践，并对实践过程做出反思。

○　从应用阶段开始学习

首先从实际出发考虑应该怎样做；然后对实践进行总结和反思；最后进行理论化思考并得出结论。

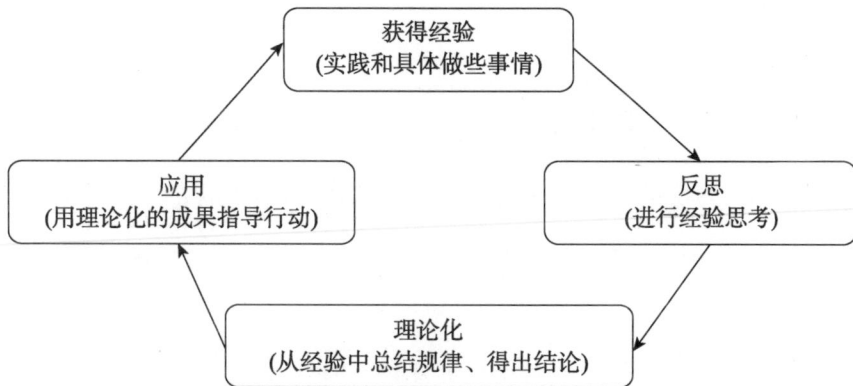

图 2-1　KOLB 学习周期示意图

不同的人可以选择从不同的阶段开始学习，实际上从哪个阶段开始都可以，只要对学习周期的所有阶段同样重视，都可以获得好的学习效果。下面的训练与练习要求你思考自己的学习习惯，分析自己的学习特点。

训练与练习　学习的特点和习惯

问题：

○　你通常从哪个阶段开始自己的学习？

○　你在某个阶段是否投入了足够的时间及全部精力？

总结：

"学习周期"是一个非常重要的概念，通过上面的思考你应该能够清楚地认识到自己在哪个环节做得不够，从而做出改进和提高。

反思是从经验中学习的关键，反思同理论学习和实践应用相结合，组成完整的学习过程。尽管反思非常重要，但在日常繁杂的工作中却往往被忽略。反思对团队和个人同等重要，对团队领导者来说，为团队创造反思的机会尤为重要。

人们可以通过不同的方式进行反思。积极的反思方式包括与他人讨论、头脑风暴法、绘制思维导图等（相关内容见 1.2 "有效的思考方法"介绍），还有一种反思方式就是进行逻辑思考。

步骤与方法　有效反思的方法

要让反思发挥作用，需要做到以下几点：
- ○　对学习进行理性和实际的思考；
- ○　认识到情感和直觉的重要性；
- ○　思考表象后面的真实含义；
- ○　与他人讨论和交换意见；
- ○　通过主观努力，积极实践。

下面的训练与练习帮助你思考在工作中究竟应该采用什么样的反思方式。

24

训练与练习　如何反思

问题：

孔子说："学而不思则罔。"反思是人们自觉地把心理活动作为认识对象的一种思维活动，是对自己的思维过程、思维结果有意识地进行科学、审慎、批判性地回顾、检查和分析。那么在工作中，你应该如何进行反思？

总结：

结合自己的工作实践，你可以有更好的反思手段：
- ○　减少机械性的操作，定时对前一阶段的工作进行总结思考，找出可以完善的地方，并在后一阶段进行改正；
- ○　有针对性、逻辑性地去思考问题；
- ○　善于吸取他人提出的意见和建议，并思考这些意见和建议是否对你有所帮助；
- ○　利用前面介绍的思维技巧考虑问题，例如运用头脑风暴法；
- ○　运用批评性的观点思考问题；
- ○　综合运用各种手段对自己的工作进行深入思考，可以对自己的不足做出改进。

如果对某件事感到不确定或担忧，不要回避。应该运用各种反思手段，寻找问题的根源，并彻底解决问题。

延伸与拓展　批判性思维

> 所谓"批判性思维"（critical thinking）是指"对于某种事物、现象和主张发现问题所在，同时根据自身的思考逻辑地作出主张的思考。"
>
> 批判性思维的概念界定纷繁多歧，既有"探查和评价'批判性地探讨他人的主张及其根据''提炼自己的主张'之类的思考"方面的，也有"自由地驱使复数的视点，一个视点难以把握的相对化思考法"之类的怀疑精神，甚至有"尽量运用手头的、现成的信息，作出推理"之类的问题解决性质。
>
> ——钟启泉. 批判性思维：概念界定与教学方略[J]. 全球教育展望，2020（1）：3-16.

2.2　学习的形式与效果

学习是一个涵义非常广泛的词。工作中的学习对个人能力和团队绩效的提高非常重要（在下册的"团队学习"中，我们将对学习的相关内容进行详细介绍）。在工作中我们有多种学习的机会和形式，包括：

正式学习机会：

- ○　正式的委托培训；
- ○　研讨会；
- ○　开放式或远程学习项目；
- ○　示范/演示。

非正式学习机会：

- ○　工作观摩——在一旁观察别人的工作情况；
- ○　岗位轮换——与他人交换岗位并彼此承担对方的实际工作；
- ○　训练与指导——在任务或项目中进行一对一的指导和支持；
- ○　"工作伙伴"——与有经验的同事或专家一起，通过观察、提问和试验进行学习。

工作中的学习包括很多形式，你可能已经使用过或正在使用这些形式。下面的评测与评估帮助你总结各种不同的学习形式，并思考这些学习形式对你的工作有哪些帮助。

评测与评估　学习形式

指导：

在表 2-1 中选择你曾经用过的学习形式并注明用它来学习什么。根据你的实际情况，评估每种形式在使用时的有效性。

表 2-1　对以往学习的回顾

学习形式	是否使用过	主题/技能	效果
正式的委托培训			1　2　3　4
研讨会			1　2　3　4
开放式或远程学习			1　2　3　4
示范/演示			1　2　3　4
工作观摩			1　2　3　4
岗位轮换			1　2　3　4
训练与指导			1　2　3　4
工作伙伴			1　2　3　4

1＝不是很有用，我快忘记了；

2＝比较有用，当时的学习很有趣，尽管我后来并未用到多少学到的东西；

3＝有用，学习有趣，我可以将所学应用于工作；

4＝很有用，我喜欢学习，并发现我能将所学的东西在日常工作中应用和发展。

问题：

在 1.4 "自我评价" 的练习中要求你思考自己在工作中做得较好的事情以及从中得到的经验，现在想一想在上面提到的学习形式中哪些对你比较有效？比如：

○　你喜欢什么方法？

○　什么方法对你有帮助？

○　别人是怎样帮助你的？

思考未来可能对你有帮助的方面：

○　你以前未曾用过的学习方法中，还有哪些方法可能对你有用？

○　与他人交流学习经验，他们使用的方法或技术中有你可以借鉴的吗？

总结：

要想取得好的成果必须有好的方法。你可以从两个方面思考：你更喜欢哪些学习方法？哪些方法可以更有效地帮助你？通过思考，确定你该采用什么方法来学习。

当回顾过去自己是怎样学习时，可能会发现一些发生在非正式场合的学习效果比正式学习环境中的更好。另外，你可能并不觉得培训中学到的知识对你自身的提升有多大的帮助，但是持续的学习一定是会有效果的。下面的案例就说明了这样的道理。

案例与讨论　培训的效果

作为化工界龙头企业的杜邦公司在很多方面都独具特色。其中，公司为每一位员工提供独特的培训尤为突出。因而杜邦的"人员流动率"一直保持在很低的水平，在杜邦总部连续工作30年以上的员工随处可见，这在"人才流动成灾"的美国是十分难得的。

杜邦公司拥有一套系统的培训体系。虽然公司的培训协调员只有几个人，但他们却把培训工作开展得有声有色。每年，他们会根据杜邦公司员工的素质、各部门的业务发展需求等拟出一份培训大纲。上面清楚地列出该年度培训课程的题目、培训内容、培训教员、授课时间及地点等。并在年底前将大纲分发给杜邦各业务主管。根据员工的工作范围，结合员工的需求，参照培训大纲为每个员工制定一份培训计划，员工会按此计划参加培训。

杜邦公司还给员工提供平等的、多元化的培训机会。每位员工都有机会接受像公司概况、商务英语写作、有效的办公室工作等内容的基本培训。公司还一直很重视对员工的潜能开发，会根据员工不同的教育背景、工作经验、职位需求提供不同的培训。培训范围从前台接待员的"电话英语"到高级管理人员的"危机处理"。此外，如果员工认为社会上的某些课程会对自己的工作有所帮助，就可以向主管提出，公司就会合理地安排人员进行培训。

为了保证员工的整体素质，提高员工参加培训的积极性，杜邦公司实行了特殊教员制。公司的培训教员一部分是公司从社会上聘请的专业培训公司的教师或大学的教授、技术专家等，而更多的则是杜邦公司内部的资深员工。在杜邦公司，任何一位有业务或技术专长的员工，小到普通职员，大到资深经理都可作为知识教师给员工们讲授相关的业务知识。

问题：

1. 杜邦公司的培训体系有什么特点？

2. 完善的培训体系给公司和员工带来的影响有哪些？

总结：

培训与学习的最终目标是为了提高工作效率，改进工作思路。企业经常对员工进行培训也可以增强企业活力，增加员工凝聚力。对于企业来说，系统化成熟化的培训模式最终会带动企业飞速发展，保持长盛不衰。

生活和工作中充满了各种经验，总是存在着学习和发展的机会。人们可能比较习惯利用正式的形式来学习，但是要想通过学习获得发展，就必须抓住各种机会，并积极地在实际中运用学习成果。这些学习的机会可以帮助你发展技能并充实知识，所以我们必须保持警觉，并做好充分准备以便抓住这些机会。

在工作中寻求学习机会是比较重要的，你可以利用自己的长处或者在特定领域寻求发展（而不是弥补差距）。如果抢先一步采取主动的态度，就能够为自己创造机会。在寻求发展时最好同时兼顾自己的兴趣和目标。兴趣是最好的老师，只要有动力，就有可能成功。下面的训练与练习帮助你思考自己的优势，以及如何在工作中发展自己的优势。

训练与练习 发展优势

问题：

○ 回到 1.4 完成的个人 SWOT 分析，看看自己的优势是什么？你是否希望能再有所加强？

○ 在工作中，你可以利用什么方式来使自己的优势得到进一步发展？

○ 你该如何为自己的发展留出时间？

总结：

把工作同自我发展结合起来，通过发展自我优势，更好地利用工作和学习的机会，就可以使自己的能力得到提高；你可以请别人来指导，告诉自己怎样做，或者请他将部分责任委派给你；你也可以通过给他人分配一项工作或授权来为自己争取时间。

2.3 学习障碍

人们经常用一些借口来逃避学习，这些借口一般包括：

○ 太忙；

○ 参加过的课程都没什么意思；

○ 所学的东西和我无关；

○ 也许马上就会成为多余的人，我没有必要再学习了；

○ 我讨厌学习，我天生就不是学习的料；

○ 我已经够好的了，不用再学习了；

○ 我无论做什么都改变不了周围的环境。

上面的这些说法很常见，你可能也会产生其中的某些想法。产生这些想法的根本原因包括：

○　缺少时间或是太忙，无暇考虑未来；

○　缺乏自信；

○　不良的学习经历；

○　工作无稳定感；

○　对学习效果有疑虑；

○　习惯"以往"的方式，惧怕新的方式。

上面总结了学习中的障碍和产生这些障碍的原因，对某些人来说其中一些可能是实际情况，也有一些是逃避学习的借口。下面将逐项进行分析：

步骤与方法　解决学习中存在的障碍

1. 缺乏时间

如果自己确实想做些什么，就会努力去争取时间。如果真腾不出时间，原因可能有：

○　自己的组织能力较差。这就需要改善自己的个人组织技能，为有效地开展工作留出用于发展的时间；

○　由于工作负担太重，无法把握学习和发展的机会。可以与主管经理谈谈这件事并找出实际的解决方案，如果公司重视员工的发展，就会认真对待这件事；

○　并非缺乏时间，而是个人问题。

2. 缺乏自信

每个人都会以不同的方式、不同的速度进行学习。你需要根据自己的实际情况决定自己的学习方式，找到适合自己的方式，取得成功经验以建立自信。

3. 太忙，无暇考虑未来

现在获得的技能和知识也许会立即生效，也许会在不久的将来发挥作用。积累得越多，就会在工作中表现得越好。

4. 不良的学习经历

如果曾经参加过一些培训而效果并不是太好的话，可能会对权威的和传统的学习方法产生抵触心理。其实完全没有这个必要，想想在闲暇时间的学习（如学习驾驶、烹饪、踢足球或者练瑜珈）是怎样的？这些学习过程痛苦吗？显然不是，那么就需要分析和思考产生不良学习经历的原因。

5. 工作无稳定感

许多获得的技能都是可转移的，把握发展机会可使自己更为称职，要想顺利度过工作转换阶段就更需要学习。

29

6. 对学习效果有疑虑

你可能认为以前的培训并没有为你提供发展机会，所以不愿意"改变自己做事的方式"。但如果这就是你看待问题的方式，那么你将一事无成。人们确实要调整自己的工作方式和领导团队的方式，如果自己可以确定想要什么，事情就会完全不同。请注意，所有这一切都必须从点滴学习做起。

7. 习惯以往的方式，惧怕新的方式

培训与学习是促使个人进步的重要手段，必须在掌握新技能的基础上改变自己的行为习惯和做事方式，只有这样才能真正取得进步。

上面逐项分析了学习中的各种障碍，你需要结合自己的实践，在工作和学习中主动并有效地解决这些问题，下面的训练与练习帮助你思考如何在学习中克服这些障碍。

训练与练习　如何跨越障碍

问题：

首先，考虑面临的障碍——确切来说，是找出影响自己的障碍有哪些？到底是缺乏时间，还是自己不感兴趣？是否感到自己无法控制工作？如果确实如此，问问为什么。

其次，明确要想跨越障碍自己要做些什么。遇到困难时，如果只解决表面问题，并不能真正解决困难，只有深刻分析问题的根源才能找出解决问题的有效方案。

总结：

找到障碍后必须想办法跨越，这样才能为学习与发展创造真正的机会。

要克服学习过程中的障碍还需要对学习和工作中出现的问题进行反思。反思过程包括认真分析某一特定事件、向自己提一系列问题等。下面的训练与练习通过对关键事件的分析帮助你反思自己的学习经历，并引导你回答一些问题。

训练与练习　关键事件分析

指导：

考虑最近在工作中存在的问题（可能是老问题，也可能是新问题；还可能是令人苦恼的、让你不知道应该如何处理的问题）。无论何种情况，你都必须进行思考与分析。

问题：

○　发生了什么事件（按照顺序详细描述发生了什么）？

○　该事件有多重要（为什么对你所涉及的团队和个人来说是重要的？是新问题还是老问题）？

○ 最令人满意的方面是什么（什么事有好转或者什么事你做得很好）？
○ 最令人不满意的方面是什么（什么事恶化了或者什么事你做得不好）？
○ 结果是什么（每一个参与者结果如何）？
○ 你从中学到什么（什么事让你思考）？
○ 下次你怎样做才能做得更好？
○ 什么途径可以帮助你做到这一点（例如改变反应方式、深入分析、加强练习、进行培训、对团队成员进行训练等）？
○ 设定开始时间和完成时间。

总结：

通过对一个关键事件的分析，思考如何从全方位、多角度看待问题，并最终解决问题从中学习经验教训。这样的思考可以帮助你更好地学习与提高。

本章小结

本章主要介绍了 KOLB 学习的周期、学习过程与步骤方法、学习形式和效果，还详细说明了如何通过有效学习掌握更多技能，解决工作学习中的障碍。

思考与练习

1. 你通常从学习周期的哪一个阶段开始学习，从这一阶段开始学习有什么特点？
2. 有哪些正式和非正式的学习机会？
3. 有效的反思方法都有哪几种？
4. 学习的过程中通常会遇到哪些障碍？怎样克服这些障碍？

第 3 章　职　业　规　划

学习目标

1. 了解长期、中期以及短期目标的概念和相互关系；
2. 掌握职业生涯规划的基本步骤和方法；
3. 重点掌握 SMART 目标，学会精确地确定个人发展的目标。

学习指南

目标是指引我们前进的灯塔。当我们通过努力实现一部分目标之后，会发现还有新的目标在等待着我们。事实上，前进道路上的每一步都是目的地，也是新的起点。

我们在第 1 章研究了思考问题的方法；第 2 章研究了自我评估和认知，为制定目标做好准备；第 3 章研究了怎样通过规划来使自己向目标迈进。

关键术语

职业目标　SMART 目标　职业生涯规划　职业选择

3.1　职业目标思考

目标具有一定的变化性，就是说在人生的不同阶段会有不同的目标，目标受生活环境和周围条件的影响。下面的案例说明了这个道理。

案例与讨论　目标的变化

十年前琳达从学校走入社会，当时她和许多年轻的朋友在一起，除了上班之外就是玩。工作竞争不激烈，轻易就可以找到合适的岗位。尽管收入不高，但同事们都很高兴很快乐。那时的目标和期望就是有一套自己住房，再买一辆二手车。

后来琳达有家了，有房子了。在过了一段舒适和安定的生活后，昔日的朋友一个个开始有了新的打算，有跳槽的，有辞职的，还有继续上学深造的。琳达也觉得自己的工作没有什么挑战，整天好像在混日子，她开始思考该如何过以后的生活。

经过长期的思考和准备，琳达离开了自己工作七年的公司，进入一家瑞士公司工作。工作的内容同以往类似，但外企的工作环境和工作方式却完全不同。经过一段时间的适应，琳达渐渐喜欢上了这种富有挑战性、有压力的工作。她现在的工作非常稳定，收入也不错，而且有足够的闲暇时间与朋友们在一起。但是偶尔静下心来，琳达还是觉得自己应该再追求些什么。

问题：

案例中琳达的目标在十年之间有哪些变化，为什么？

总结：

人的追求目标是在不断变化的，不同的阶段、不同的环境决定了不同的目标。目标具有不同的层次，你只有达到一个目标，才可能在此基础上继续前进。

从长期目标到中期目标再到短期目标是一个从一般到特殊的过程。目标越近，就要越具体、越精确。长期目标代表了个人对未来的理想和期望。

典型的中期目标一般是三年至五年。时间的长短和目标可以调整的程度由个人决定。在五年的跨度中，会发生各种各样的事情和变化，目标也会随之进行调整。有的人希望自己的目标比较清晰；而另外一些人则喜欢模糊的目标，因为这样他们就不会受到约束。

短期目标必须非常精确，这样才能知道一个目标是否得以实现。短期目标是衡量进步的里程碑，通过对它的回顾才能知道自己是如何一步一步达到目标的。下面的训练与练习将帮助你学习如何设置目标并了解各种目标之间的关系。

训练与练习　思考目标

指导：

将有关你的目标、优势、劣势的信息以及在本单元中所做的其他练习的信息综合起来，思考下面的问题。

问题：

1. 你的长期目标是什么？你可以从以下这些方面来考虑：

　　工作环境及工作方式，生活方式，交际圈，居住环境，其他。

2. 你的中期目标是什么？

　○　考虑在三年到五年中，你在工作和生活上可以达到什么目标？

　○　这些目标与长期目标有关吗？

3. 你的短期目标

○　在你开始考虑短期目标之前，先考虑：

（1）总体来讲，你希望从生活中得到什么？

（2）总体来讲，你希望从工作中得到什么？

○　就工作而言，考虑：

（1）优势——你想进一步扩大的优势；

（2）劣势——你需要专门做出弥补的劣势。

总结：

现在你已经明确了自己的需要，并已经能够将其与较为长远的目标联系起来。现在可以建立一些 SMART 目标，以使之能够更好地实现。

3.2　设置 SMART 目标

SMART 目标中的五个英文字母分别代表：明确的（Specific）、可衡量的（Measurable）、可达到的（Attainable）、可实现的（Realistic）、有时间规定的（Time specific），从最想做的事入手，写下目标初稿。可以根据 SMART 目标的原则进行检查和修改。

步骤与方法　制定 SMART 目标的方法

○　确保目标是明确的而不是模糊的。它精确地描述了想要达到的结果吗？

○　确保目标是可衡量的。它是否说明了自己能做的、能做得更好的和什么时候可以达到目标（这样就可以检查是否实现了目标）？

○　确保目标是可达到的。制定的目标不能过低但也不能过高，必须根据时间、工作量及其他条件，衡量这个目标是否可行；

○　确保目标是可实现的。它与团队及公司目标一致吗？

○　确保目标有时间限制。设置达到目标的时间，完整地写下你的最终目标。

这样制定的目标使你更容易确定目标是否能够达到。下面的训练与练习要求你根据这些提示，制定出自己的短期目标。在设计目标时要牢记：每次不要设定三个以上的发展目标。

训练与练习　制定 SMART 目标

问题：

利用上面关于目标特征的描述，给自己设定三个发展目标。请记住无法一次完成所有目标，所以要先确定一个能够立即开始的目标（最迟明天开始）。在完成目标的终稿之前，可以先在纸上写下每个目标的草稿。

目标：＿＿＿＿＿＿＿＿＿＿＿＿＿＿＿＿＿＿＿＿＿＿＿＿＿＿＿＿＿

总结：

在开始行动之前必须确定明确的目标，这样才能在行动结束的时候检查自己是否完成了目标。

制定目标很简单，但是并不是所有的目标都符合 SMART 目标的原则。我们可以通过下面的案例与讨论了解 SMART 目标的制定。

案例与讨论　卡玛的目标

卡玛是一个留学生，现在在一所语言大学就读。她加入了学校的广播站担任英播，广播站要求外国成员们半年之内拿到普通话三甲证书，之后才能正式进行播音。卡玛作为一个外国人，在短时间内学习汉语有一定困难。为此她给自己制订了一个计划：半年内，提高自己的普通话，争取达到三甲水平。要达到这个目标，卡玛有自己的打算：增加汉字识读量，每周朗诵 3 篇短文，这只要保证每天中午休息时和晚上睡觉前有 30 分钟的练习就可以实现。另外还可以寻找一些窍门和有效的方法来帮助自己达到目标。

问题：

卡玛的目标是否符合 SMART 的原则？

总结：

将卡玛的目标与 SMART 的五个方面对照：

○ "提高自己的汉语"——目标是明确的（Specific）；

○ "争取拿到普通话三甲证书"——目标是可衡量的（Measurable）；

○ "增加汉字识读量，每周朗诵三篇短文"——目标是可达到的（Attainable）；

○ "每天中午和晚上有 30 分钟的练习"——目标是可实现的（Realistic）；

○ "半年内"——目标是有时间期限的（Time specific）。

所以，卡玛的目标是符合 SMART 原则的。

以上我们介绍了个人 SMART 目标的设置。在下册 23.1.2 "各级目标制定"中我们将讨论如何为组织和团队制定 SMART 目标。

3.3 职业生涯规划

关于职业生涯的定义至今也没有固定的说法。但通常人们对此有两种观点：一种观点是从某类工作或某一组织出发，把职业生涯看作其中一系列职位构成的总体；另一种观点则把职业生涯看作个人的一种功能，而不是某种工作或者某一组织的功能。在本节中我们主要讨论个人的职业生涯规划。职业生涯规划的核心是制定自己的职业目标和选择职业发展道路，这需要对自己的优势、劣势有清晰的判断，对外部环境和各行业的发展趋势及对人才素质的要求进行客观了解，然后在此基础上制定出符合自己的短期、中期和长期目标，选择适合自己的发展道路。表 3-1 介绍了职业生涯规划的基本步骤。

步骤与方法 职业生涯规划的基本步骤

表 3-1　职业生涯规划的基本步骤

步　骤	具 体 内 容
1. 确定自己的志向	总的事业方向、职位目标等
2. 进行自我评估	兴趣、特长、性格、技能、智商、情商、思维方式等
3. 职业生涯机会的评估	环境条件的特点、环境的发展变化情况、环境对自己提出的要求、环境对自己的有利与不利条件等
4. 职业的选择	性格与职业的匹配、兴趣与职业的匹配、特长与职业的匹配、内外环境与职业相适应程度
5. 职业生涯路线的选择	我想往哪一路线发展；我可以往哪一路线发展
6. 设定职业生涯目标	分为短期目标、中期目标、长期目标和人生目标
7. 制订行动计划与措施	为落实目标需要采取的培训、教育、技能学习等
8. 职业评估与反馈	评估与测定：职业的重新选择；职业生涯路线的选择；人生目标的修正；实施措施与计划的变更等

前面我们了解了职业生涯规划的基本步骤。下面我们通过一个具体的案例与讨论进行学习：

案例与讨论 小李的职业生涯规划

> 小李是会计学专业的本科毕业生，现在在一家中型私企的财务部任会计。为了使自己有一个更好的发展，她为自己设定了一个十年的职业生涯规划，如图 3-1 所示。

外企高级管理人员	确定自己的志向	特长：数字类工作 性格：心思缜密，外向开朗 知识结构：扎实的财务、管理和法律知识 能力：组织能力；管理能力
外资企业不断进入中国市场，提供较大的发展空间；企业管理型人才市场广阔；自身条件可以适应外企的工作氛围	进行自我评估 职业生涯机会评估	
从财务方面的专业技术路线入手，逐渐转向管理路线。这是自己适合并且喜欢的发展路线	职业的选择 职业生涯路线选择	目前的知识结构、技能、兴趣等适合从事财务方面工作；自己的兴趣和志向在于做管理工作。知识还需扩充
四年内考取在职硕士学位，补充理论知识；九年内考取在职博士学位；利用公司及其他培训提高技能水平；扩大自身交际圈，加强交流与学习	设定职业生涯目标 制订行动计划与措施 职业评估与反馈	四年内：外企商务助理；取得会计中级职称、通过英语中级口译考试； 七年内：团队管理者； 十年内：外企部门经理 根据现实状况做适当调整和修正

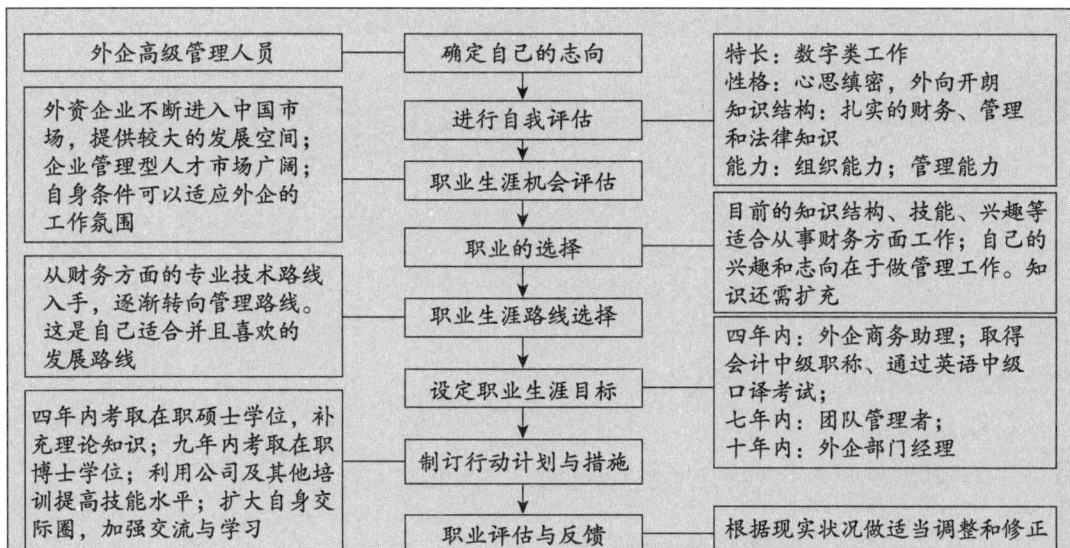

图 3-1　小李的职业生涯规划

问题：

参照这个案例，你是否可以为自己制定一个比较具体的职业生涯规划？

总结：

职业生涯规划要将自身的条件、环境的因素充分结合起来进行考虑，并有具体的行动措施和适当的调整。

对已经在工作岗位上的人员来说，很多情况下人们会发现自己的职业发展处在一个十字路口，面临一些重大变化。如果工作中出现了以下情况，你就应该重新作出选择了：

○　陷入困境；

○　期待改变；

○　时间都被一些无关的工作占据，无法做自己想做的工作；

○　需要对现有的状况做出改变；

○　因为工作而失去了某些东西；

○　无法在工作和生活之间保持平衡；

○　面临组织裁员、重组或调整的威胁。

如果你已经考虑过工作和生活方面的一些问题，那么对于出现这样或那样的挑战及不确定因素就会有所准备。但是即便如此，你仍有多种选择，尽管有些选择似乎是不可取或最终要放弃的，但对各种选择都进行仔细考虑永远是值得的。

步骤与方法　职业选择

当工作发生重大变化时，我们面临的选择通常包括以下几类：

1. 改变境遇

○　积极进取——使自己更加适应现在的状态；

○　积极面对挑战，如参加训练和培训；

○　改善工作环境；

○　授权给其他人，让他们承担一些日常事务。

2. 改变自己

○　反思自己的真实想法——嘴上说的和心中想的是否一致；

○　改变自己的行为；

○　发展在其他领域的技能和能力。

3. 改变个人与工作之间的关系

○　适应工作；

○　将工作看成达到目标的方法；

○　通过降低问题的重要性来改变看法——更注重工作之余的生活。

4. 离开

如果是部门中多余的人，可能没有太多的选择。在没有其他选择的情况下，最后的一个选择就是离开，再去做一些其他的事。但是，你要保证这种离开有充分的理由，而不仅仅是一种逃避。

在当今这样一个快速变化的时代，人们面临的压力越来越大，可能转瞬之间就会失业或者被淘汰。所以预先做好准备是非常必要的。这就需要更加仔细地思考自己以及自己的未来，并发掘自己的潜力。下面的训练与练习可以帮助你对目前的状态进行思考并作出改进。

训练与练习　思考和改进工作

指导：

考虑工作本身或工作中你不满意的方面，并思考你可以在哪些方面作出改进。

问题：

○　你能否改变或改善这种境遇？

○　你能否改变自己对境遇的看法？

○ 你能否改变自己的态度，采取更积极的态度？

○ 你是否希望摆脱这种境遇？

总结：

通过思考上面这些问题，对自己工作的了解就会更加全面。同时也可以根据自己的实际情况，思考应该如何解决这些问题，以使你对自己的工作更加满意。

复习本章的内容，完成下面的训练与练习。

训练与练习　确定你的目标

问题：

根据前面的思考结果，在下面写下你的目标：

○ 长期目标——十年内想达到什么目标（可以是生活目标、个人目标或与工作相关的目标）。

○ 中期目标——五年内想达到什么目标（切记这些目标是长期目标的一部分，要保证中期目标与长期目标的联系）。

总结：

通过以上练习你可以对自己的目标有较清晰的了解，你也可以以后再做这个练习，对自己的目标做出调整或修正。

本章小结

本章从"对职业目标的思考"这一角度入手，阐述如何使用 SMART 目标制定方法进行职业目标规划，使你能够对职业和工作目标进行分析思考，从而科学地进行职业选择。

思考与练习

1. 目标分为几种类型？它们的特点各是什么？

2. 思考如何去制定一个好的目标？它需要符合哪些标准？

3. 个人职业生涯规划有哪些步骤？

实践与实训

指导：

重新思考 3.2 中你列出的三个发展目标，并且考虑自己将如何实现这些目标。根据思考结果，选择一个完成下面提供的行动计划表。

在开始计划之前必须做一些分析，找出可以利用的学习或培训资源。与主管经理一起检查自己的目标，看看这些目标是否与组织的目标一致。

在做练习前可以先参考下面给出的例子：

行动计划表（例表）

主题：个人组织和领导能力	
目标 ○ 你希望实现什么？	到一月底将一项重复性的日常工作委派给一位团队成员，这样我就可以集中注意力进行计划和管理活动。
目前的能力水平 ○ 你现在的水平在哪里？	很难放松控制，不相信团队成员能够按照自己的标准完成任务；花费大量时间处理事物并手把手地教团队成员，根本没有授权的时间。
行动步骤 ○ 你将怎样做？ ○ 发展方法是什么？	果断放权，下周就决定一项授权。 周末从书本上学习如何授权的原理，从人力资源部门借来录像进一步学习。
时间表 ○ 什么时候开始？ ○ 什么时候完成？ ○ 什么时候总结？	下周一开始，一月底完成并进行总结。
评估 ○ 你怎样知道达到了目标？ ○ 你能在哪些方面做得更好？	我可以更有信心地进行授权，不插手，让他人用自己的方式去做——信任他们，每周我将有更多时间用于计划。
总结和重新安排 ○ 下一个挑战是什么？ ○ 什么时间开始？	下一个挑战：授权更多更复杂的任务，鼓励团队成员的主动性。 二月

行动计划表

主题：	
目标 ○ 你希望实现什么？	
目前的能力水平 ○ 你现在的水平在哪里？	
行动步骤 ○ 你将怎样做？ ○ 发展方法是什么？ ○ 谁能帮助你？	
时间表 ○ 什么时候开始？ ○ 什么时候完成？ ○ 什么时候总结？	
评估 ○ 你怎样知道达到了目标？ ○ 你能在哪些方面做得更好？	
总结和重新安排 ○ 下一个挑战是什么？ ○ 什么时间开始？	

总结：

通过这个例子，学习如何运用"行动计划表"帮助你完成目标与计划。填写这个表仅仅是第一步，你需要时刻按照表中的计划采取行动，并且及时地进行总结以利于提高。

单 元 测 试

一、单选题

1. 王总近期作为会议主持人举行了一次部门会议。针对最近出现的问题，他让大家提出各种解决问题的想法，任何想法都可以畅所欲言。王总规定在其他团队成员发表自己的想法时，任何人不准提出异议，也不准给出任何批评建议，但是王总可以作一些启发性的发言和引导。可以看出王总在这次会议中运用了（   ）。

   A. 德尔菲法　　　B. 电子会议　　　　　C. 头脑风暴法　　　　D. 名义群体法

2. 由于业务需要，公司计划把小杨从后勤调到宣传部，为了尽快进入新的角色和适应新的工作任务，他采用（   ）的学习方式最合适。

   A. 委托培训　　　　　　　　　　B. 研讨会

   C. 工作观摩或工作伙伴　　　　　D. 远程学习

3. 小刘和小李在同一个工厂上班，为了熟悉彼此的工作，学习对方的技能，而又不耽误自己的工作进度，他们可采用（   ）的学习形式。

   A. 远程学习　　　B. 在职培训　　　C. 岗位轮换　　　D. 脱产学习

4. 老张在利用 SWOT 分析法进行自我评估时，发现自己的部门主管常常将重要工作委派给他，这属于他的（   ）。

   A. 优势　　　　B. 劣势　　　　C. 机会　　　　D. 威胁

5. 乐乐最近经常感觉自己在工作中注意力不能集中，她想反思自己目前的状况，（   ）不是合适的反思活动。

   A. 坚持自己的观点

   B. 回顾自己过去的工作，检查自己的工作成果

   C. 与他人进行交流

   D. 运用批评性的观点思考问题

二、案例分析

　　小吴是某名校新闻专业毕业的学生，他当初选择的是最贴近理想的职业，在一家著名的合资媒体做实习记者。但是，一年后他却做了一个让大家感到意外的选择，他去了一家待遇优厚的国有企业做宣传工作，过起了按时上下班的职员生活。他的理由

是能够解决生计压力才是第一位的。做财经记者很辛苦，只有发布足够数量的新闻才能得到自己期望的薪水，年龄大了跑不动新闻了去干什么呢？这样一来，小吴的职业发展转入了一个全新的方向。他认为自己是幸运的，因为他既明白自己需要的是什么，也得到了与自己理想接近的职业。

根据以上案例，回答以下各题。

1. 在发现合资企业的工作并不适合自己时，小吴想为自己选择一个新的发展方向，制定一个新的职业生涯规划。职业生涯规划的核心是（　　　　）。

A. 制定自己的职业目标和选择职业发展道路

B. 职业生涯机会的评估

C. 职业评估和反馈

D. 确定自己的志向和进行自我评估

2. 从合资企业到国有企业，小吴对职业的重新选择主要考虑的因素是（　　　　）。

A. 职业环境　　　B. 性格　　　　　C. 兴趣　　　　　　D. 特长

3. 在面对变化时，小吴所做的选择属于（　　　　）。

A. 改变自己的行为与技能　　　　　B. 改变境遇

C. 改变性格　　　　　　　　　　　D. 改变态度

4. 小吴想为自己做一个职业生涯规划，不正确的做法是（　　　　）。

A. 进行自我评估　　　　　　　B. 按照热门行业确定自己的志向

C. 进行职业选择　　　　　　　D. 制订行动计划与措施

5. 小吴的经历说明：在制定职业生涯规划后，要根据职业的发展和实际情况的变化，不断地对规划进行评估与反馈。职业评估与反馈的内容不包括（　　　　）。

A. 职业的重新选择　　　　　　B. 职业生涯路线的重新选择

C. 人生目标的修正　　　　　　D. 评估当天的个人情绪

扫描二维码，查看参考答案。

第 II 单元　时间管理

　　你经历过这种日子吗？感觉就像在进行障碍滑雪，障碍一个个突现，速度极快，根本无法控制。这种经历与工作生活中的某些现象很相似，比如你总是忙不完，工作却毫无进展。如果你没有这种经历，那你真幸运，可以高枕无忧了；换句话说，你是超人。

　　时间的流逝是我们无法控制的，不管你是否对时间加以规划，它都在往前走。作为团队中的一员，你必须在规定的时间内完成规定的工作，解决规定的问题，这是无法逃避的。但是，你可以决定和改变做事方式。观念上的改变或工作方法的调整，多少都会增加你对工作的满意程度。对时间做出规划，不仅告诉你需要做什么和什么时候去做，同时也告诉你怎样去做。

　　本单元的建议和技巧不一定完全适合你。有些东西你可以改变，而有些东西则不能，还有一些东西你根本就不想去改变。诀窍就是弄清楚你本身的特点和习惯，不管这些特点和习惯的优劣如何，对它们或接受，或改变，或抛弃。你不必完全改变个性或生活，只要通过你的选择使生活变得轻松即可。

　　本单元为你提供了一个机会，让你思考最重要的事情是什么，应该怎么做。这样可以预先规划好时间，然后再决定怎么做，这样才能使自己的工作更有效率，使自己更加主动，减轻工作压力，增加自己的满意程度。本单元结束时，你将掌握如何更加有效地制订计划和分清工作的轻重缓急，以及如何提高工作效率。

```
                                          活动跟踪表 ───── 活动跟踪表的内容及使用

                        4. 提高效率 ───── 工作方式的影响 ───── 改进工作方式的方法

                                          寻求平衡


                                          做好计划 ───── 如何认识做计划

                                                         ★ 任务优先级划分

    时间管理 ───── 5. 规划时间                时间管理矩阵 ───── ★ 各个任务优先级的特点

                                                         提高工作效率的方法


                                          三种行为方式 ───── 三种人的特点

                        6. 克服障碍
                                          建立自信的方法 ───── 建立自信的方法
```

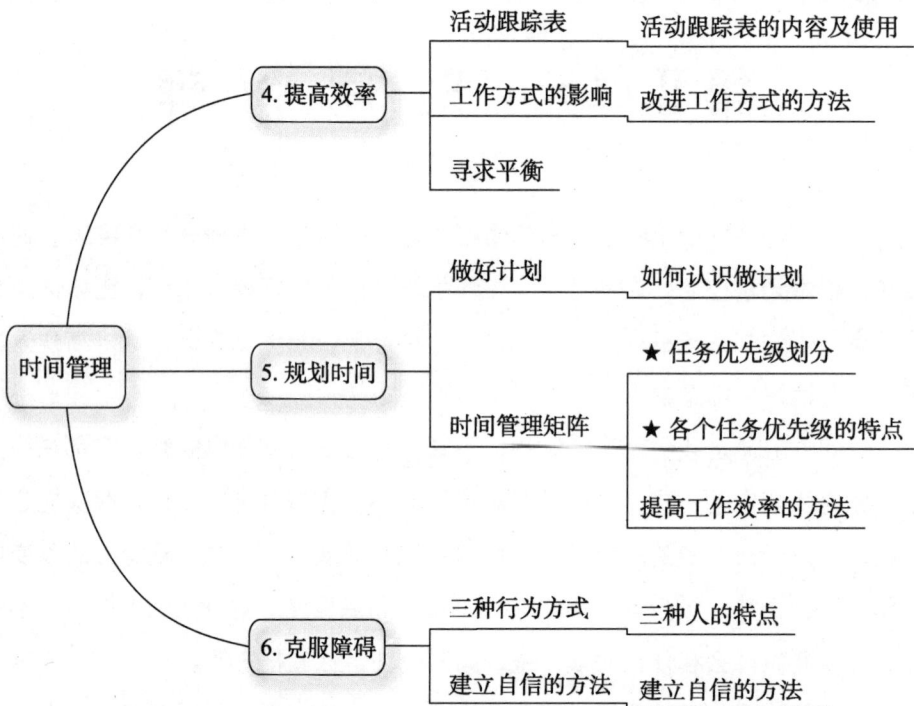

★代表本部分是案例重点考核内容。

扫描二维码，学习本单元概况。

第 4 章　提 高 效 率

学习目标

　　1. 掌握活动跟踪表的内容，学会使用活动跟踪表；

　　2. 掌握保持工作和生活中几种关系的平衡的方法；

　　3. 重点掌握改进工作方式的几种方法。

学习指南

　　大多数人都知道自己什么时候工作效率最高、哪些习惯最浪费时间，但也有些人根本不知道自己为什么不能有效利用时间。本章讨论的问题是：如何了解自己的工作习惯和喜好，怎样做到各个方面的平衡。在了解工作习惯和喜好之前，我们需要先填写一份活动跟踪表，然后再来了解一些改进工作方式的方法，最后探讨一下如何保持几种关系的平衡。

关键术语

　　活动跟踪表　时间管理　寻求平衡　工作改进

4.1　活动跟踪表

　　活动跟踪表就是把一天的全部活动记录下来进行分析的表格。

　　填写活动跟踪表可以提高时间的利用率。因为了解工作计划时间的分配,记录工作中的活动,对工作效率有更好的帮助。请利用表 4-1 跟踪自己 24 小时内的活动情况和时间利

表 4-1　活动跟踪表

活　动	时　间	有效/无效	侧重点（任务/团队/个人）	优先级别（A，B，C 或 D）

用情况，尽量做到真实准确，这将对改善你的时间利用效率起非常关键的作用。如果对表中第四栏、第五栏的内容有疑问，可以分别在学习完4.3.4和5.2的内容后再完成。

步骤与方法 制作活动跟踪表

活动跟踪表能够帮助你更全面清楚地总结和分析自己利用时间的效率。以下是制作活动跟踪表的具体步骤：

第一步：把一天的工作活动详细地记录下来，包括具体工作内容和休息时间的活动（如聊天、喝茶、打电话等），填写的时候必须细致；

第二步：把每一个活动的起止时间记录下来，整个过程的时间是连续的、不间断的（例如14:00—15:15），最好不要有任何遗漏；

第三步：对自己工作活动的有效性进行分析，标出有效或者无效；

第四步：分析这些活动是属于团队管理工作，还是员工管理工作；

第五步：对自己一天的活动按照优先级别进行分析，标出每个有效活动的优先级别。

有时候，活动跟踪表会告诉你许多自己意想不到的信息，下面的案例与讨论就是这样一个例子。

48 案例与讨论 无效的工作

小宇在日常工作中从来没有做工作记录的习惯。他对待工作上的事情总是想起来哪件便先做哪件。而主管经理也并没有干预这种工作模式，只要求他们时刻不停手就可以。这样的状况持续了很久，直到不久之前新来的老总提出提高工作效率的问题。他要求大家把自己在工作中做的所有事情都记录下来，填写活动跟踪表。

做完记录之后，小宇重新阅读了自己的活动跟踪表（见表4-2），有一个惊人的发现……

表4-2 小宇的活动跟踪表（部分）

序号	时　　间	活　　动	有效或无效
1	12:50—13:00	订餐	
2	13:00—13:10	上网浏览网页	
3	13:10—13:20	检查工作安排完成情况	有效
4	13:20—13:35	给客户发邮件	有效
5	13:35—13:55	召开部门临时会议	
6	13:55—14:00	处理私人电话	

续表

7	14:00—14:15	继续给客户发邮件	有效
8	14:15—14:20	喝水、上厕所	
9	14:20—15:00	分析客户投诉意见	有效
10	15:00—15:20	处理投诉事宜	有效
11	15:20—15:50	与客户电话沟通	有效
12	15:50—16:10	帮助同事准备会议材料	
13	16:10—16:30	与客户电话沟通	有效
14	16:30—16:50	准备临时会议材料	有效
15	16:50—17:00	收拾东西	

分析了上面的活动跟踪表之后，小宇发现自己做有意义事情的时间很少，在实际工作中做了许多无效的活动，浪费了许多时间。这使他认识到应该采用新的管理方式来提高自己利用时间的效率。

问题：

根据这个案例分析活动跟踪表的作用。

总结：

填写活动跟踪表有助于发现细节问题，这对分析时间利用效率非常关键，因为许多重要的问题往往隐藏在细节中。当然，表中活动的"有效"和"无效"只是相对而言，根据衡量标准的不同，它们在一定条件下是可以转换的。

4.2 工作方式的影响

由于受传统习惯的影响，我们的头脑中常常有这样的概念：做一件事只存在一种方法，即唯一正确的方法。但是正确的方法是什么呢？在它被我们认识之前，我们只能够认识到自己喜欢的工作方式是什么，并以这种方式工作。下面的案例与讨论说明不同的人可以使用不同的工作方式。

案例与讨论 不同的工作方式

大卫和丽莎新加入公司，被分配到了同一个科室，由部门经理安妮带领他们工作。

经过一段时间的锻炼后，工作逐步上手，一切都回归平静，安妮不再催活，也不再分派新的任务给他们。但大卫仍旧经常跟在安妮后面，观察询问她对于工作的心得体会以及对于工作中出现问题的处理方式，再运用到自己的工作中。而丽莎则按部就班地进行工作，并且在业余时间充实自己，申请了几项公司的培训。

问题：

大卫和丽莎的工作方式分别有什么特点？为什么不能说哪一个更好？

总结：

每个员工都有符合自己特点的工作方式，不能说哪种更好，关键在于认识自己的工作方式，并根据自身特点和工作性质使用最有效的方式。

前面讲了每个员工都有自己习惯的工作方式，不同的方式之间没有好坏之分。想要对适合自己的工作方式有所了解，首先需要了解自己利用时间的效率如何。下面的评测与评估帮助你思考自己利用时间的效率。

评测与评估　你利用时间的效率如何

问题：

表 4-3 是关于你工作的问题，如果回答"是"，就在问题的前面画"√"。

表 4-3　时间的利用效率

□ 1. 你约会经常迟到吗？
□ 2. 你是否经常对工作所需要的时间作出错误判断？
□ 3. 你是否总因为动手太晚而不能在规定的期限内完成工作？
□ 4. 你是否需要设定最后期限来促使自己动手做某事？
□ 5. 你是否把每件事都拖到最后才做——但通常还是能按时完成任务？
□ 6. 你喜欢挑战危机吗？
□ 7. 你是否经常因为感到信息不足而推迟决策？
□ 8. 在开始一项工作之前，你是否需要时间思考、调研和规划你的工作？
□ 9. 对于令你生气的事，你总推迟处理并且希望它们会自行消失？
□ 10. 你是否在事情开始时不假思索立即着手，然后逐渐泄气，最后发现难以完成？
□ 11. 你是否喜欢一气呵成地将一件事做完？如果不能，是否就会丧失兴趣？
□ 12. 你是否在一件工作与另一件工作之间跳来跳去，结果毫无进展？
□ 13. 你的精力是否容易被分散，虽然嘴上埋怨，而实际上喜欢被打断？
□ 14. 你是否在打电话、给同事发电子邮件或聊天上用的时间太多？

续表

> □ 15. 你是否愿意计划好每一天，但如果没能恪守计划就会感到有压力？
> □ 16. 你是否愿意在某一段时间内持续工作？
> □ 17. 你是否有时因为在某个环节投入太多时间而不能按时完成全部工作？
> □ 18. 你是否有时被卷进不属于你分内的事？
> □ 19. 你是否眉毛胡子一把抓，结果忙不过来？
> □ 20. 你是否从来没有时间从事案头工作？

总结：

对这些问题的回答可以看出你在时间利用方面的效率如何。你可能会发现自己存在不止一个方面的问题，没有神奇的秘方可以让你立刻解决它们，但统计一下你在表 4-3 中画"√"的问题，下面的一些分析可能会对你有所帮助。

1. 时间观念差（问题 1~3）

表示你不善于利用时间，制订计划是你的弱项。改进的办法是仔细考虑工作的内涵是什么，回顾以往的经历，养成留出富余时间的习惯。

2. 需要压力才能行动（问题 4~6）

你可能是行动型的人，需要压力来激励自己前进。这种情况本身并没有错，如果能认识到自身的这一特点，极有可能会善于处理危机，在面对压力时能保持头脑冷静。但是压力会使人麻痹，压力过大不利于健康。经常处在过度压力下的人可能会变得不耐烦、具有攻击性、喜欢争强好胜；随着时间的推移，对细节的耐心急剧下降，然后是记忆力、判断力下降；最后是健康开始恶化。根据情况的不同，每个员工都会有自己放松的方法，比如锻炼和有意识地放慢工作或生活的节奏。

3. 拖拉推延者（问题 7~9）

你总会在无意识的状况下浪费时间，有做事拖拉的习惯。当然，给自己思考问题的时间与拖延是有区别的。如果这三题中仅是第 8 题打"√"，就不算拖延。考虑过多的人有做"白日梦"的危险，这很容易演变成拖延的习惯。如果在行动之前确实需要抽时间思考，那么就去思考。拖延的背后还有其他原因：对自己的能力缺乏信心、追求完美、对能否做好一件事疑虑重重、排除干扰的能力差、先做容易的事，结果没工夫去完成难做的事……原因是说不完的，这里列举的仅仅是一些常见的。

4. 虎头蛇尾者（问题 10~14）

一般情况下你可能在工作开始时不会遇到什么困难，问题会出现在后面。慢慢地，你就可能对工作失去兴趣，或感到已经筋疲力尽了，于是只能停下来。

导致这种现象出现的原因有很多，计划不周会使工作难以完成，这个问题我们将放在第 5 章"规划时间"中解决；另一个导致工作难以完成的原因是人们过于关注计划之外的事情，而不能集中精力于当前所做的事；也有可能是自己的雄心和抱负超出了本身真正拥有的时间和能力；追求尽善尽美是不能按时完成工作的另一个原因，因为总是达不到自己所追求的效果，于是一遍一遍地返工、不停地修改，结果被某些细节缠身。

5. 缺乏灵活性（问题 15～17）

你的工作计划做得很周全并能对其贯彻执行。但发生突发事件时，如果不能及时调整计划，也可能会陷入困境之中。最完美的计划也会发生改变——可能因为工作本身的要求而改变，或是因为其他人的要求而改变，总之需要做好改变计划的准备。

6. 过于忙碌（问题 18～20）

你可能会使自己陷于忙碌之中。由于各种原因，每个员工都可能掉进这个陷阱。为自己团队负责任并不意味着要事必躬亲，你必须把一部分责任交给其他人，并且尊重他们的判断力。造成过于忙碌的症结在于缺乏组织能力或者不能分清事情的轻重缓急。

上面对时间利用方面的一些错误做法和改正方法作了总结。下面的训练与练习可以帮助你思考在不同的情况下如何改进你的工作。

52 训练与练习　改进时间管理

问题：

面对不同的工作情况，该如何改进你的工作方式？

总结：

首先应该先明白工作的具体问题是什么；然后对症下药，采用不同的方式改进：

1. 如果时间观念差，首先停下来思考一下：

○　工作的具体内涵是什么；

○　在上面花了多长时间；

○　可能的推迟和耽搁。

要做的：

○　投入额外时间；

○　记住：如果不守时会给别人带来很多不便。

不能做的：

○　不假思索地承诺做一件事；

○　一件事还未做完就去做另一件事。

2. 如果压力过度：

○　定期停止工作进行休息，想一想正在做什么；

○　如果一定要把工作拖到最后一分钟完成，那么一定要知道最后一分钟的界限；

○　每天都安排一些"慢节奏"的工作；

○　别一下子做得太多，否则会给自己太大压力；

○　每天至少进行一次锻炼；

○　请求别人的帮助并给别人空间；

○　承认有时做过了头，让自己停下来；

○　不要事必躬亲——把更多的精力放在重要的事情上。

3. 如果办事拖延：

○　接受自己需要时间思考的事实，并留出思考时间；

○　找出哪些活动或情况是需要重新考虑的；

○　现在就开始做，现在不做只能使事情变得更糟；

○　如果合适的话，把工作分成几个小步骤，每一个步骤都要集中注意力；

○　给自己规定开始和结束的时间；

○　把重要的工作放在前面做。

4. 如果工作经常出现虎头蛇尾：

○　把工作分割成几个部分，给自己确立子目标；

○　每达到一个子目标都对自己进行奖励；

○　一次只专心完成一件事；

○　克服障碍，勇往直前；

○　给每件工作留出足够的时间；

○　计划好每一天；

○　拒绝接听干扰性的电话，确保自己的工作不被打扰；

○　把整件事都做完以后再庆祝。

5. 如果工作过于苛刻：

○　目标定在"挺好"而不是"完美"上；

○　规划出一天中的"机动时间"；

○　不要期待别人和自己一样；

○　做好应对变化的准备；

○　允许事情不完全按想象的情形发展；

○　给别人留有空间；

○　别对自己太苛刻。

6. 如果工作过于忙碌：

○ 思考要着手做的每件工作是不是属于自己的职责范围；

○ 明确工作目标；

○ 提前一天进行计划，留出做案头工作的时间；

○ 按轻重缓急分配好工作量；

○ 信任团队成员，下放和分派更多的责任和任务；

○ 对自己的时间负责。

4.3 寻求平衡

4.3.1 工作和维持工作能力之间的平衡

为了取得成功，我们必须在工作和维持工作能力之间保持平衡。这就像买了辆车，要想使车子能够正常行驶就需要及时进行保养，对出问题的部分进行维修。但如果维护不当，车子就会受到影响。许多人把自己当作一部车，希望开得远、开得快、开得潇洒，但从不对"车子"进行保养，只是给它加加油，很少注意部件出问题时发出的警告信号。

值得一提的是，必须在员工所做的工作和保证工作正常运转这两方面找到平衡点。在团队中处理此类问题要预先制订计划，培养团队成员的技能和本领，这对团队的长远发展会起到推动作用。下面的训练与练习说明了放松和充电对于维持工作能力的重要性。

训练与练习　放松和"充电"

问题：

如果一个人的生命里工作变成最重要的东西，甚至变成了唯一的东西，那时，他就可能完全不能摆正工作与生活的关系。当人不能摆正工作与自己其他方面的关系的时候，就会失去了本来应有的平衡。我们不能否认这些人工作的价值与意义，但是还是能看到如此忘我工作的人的另一面：这些人尽管工作很出色，在生活方面却存在着这样或者那样的欠缺与遗憾，甚至生活能力严重不足。你是如何做到工作和维持工作能力之间的平衡的，是怎样放松和"充电"的？

总结：

放松的方法可能有：

定期的运动；保持工作之外的兴趣；社交活动；确保休息时间；休息时做一些自己喜欢做的事，比如和某个同事聊天。

如果在工作期间"充电"，你可以通过下面的途径：

上网，阅读，培训。

4.3.2 压力不足和压力过度之间的平衡

压力通常被认为是负面的、消极的、必须避免的。事实上，适度的压力有益于人们的健康，有助于保持积极进取的心理。但压力过大就会出问题，比如会出现压力过度的症状：急躁不安、失眠、虚弱无力；持续下去，身体的免疫系统就会受到损坏；进一步发展的话，咳嗽、感冒、细菌感染、胃病、关节痛等都将随之而来。

每个员工都需要一定程度的压力，压力过小和压力过大一样会令人出现身体不适，所以应该从正反两方面客观地看待压力问题。

过度压力可能是由下列因素所致：

○ 沟通条件差，信息不可靠；

○ 误解；

○ 对时间和精力不切实际的要求；

○ 忧虑；

○ 信仰和态度差异；

○ 短时间内要做的事太多；

○ 受其他人的行为影响；

○ 正在发生的情况，如冲突、不和睦、关系恶劣等。

而压力不足可能是由于对现状没有足够的认识、思想比较散漫、不够上进等原因造成的。压力不应该过度或不足，而应当维持在适当的水平。下面的评测与评估可以帮助你检查一下自己是否有压力过度或压力不足的症状。

评测与评估 压力过度或压力不足的症状

问题：

你意识到表 4-4 中的这些症状了吗？对经常困扰你的问题做记号。

表 4-4 压力过度的症状

（1）头痛	（2）缺乏热情	（3）焦虑	（4）缺乏上进心
（5）消化不良	（6）思维混乱	（7）敌视态度	（8）对工作没兴趣
（9）失眠	（10）疲惫	（11）不应该发生的错误	（12）工作中开小差
（13）无法决策	（14）精力不集中		

总结：

如果只有一个症状是难以判断的，出现更多的症状就可以帮你判断是压力过度还是压力不足。在上述症状中，压力过度的症状有（1）、（3）、（5）、（7）和（9）；压力不足的症状有（2）、（4）、（6）和（8）；（10）、（11）、（12）、（13）和（14）则两个问题共有的症状。如果对上述症状感到忧虑，可以尝试找心理医生咨询。

每个员工对压力的反应都不尽相同。相对而言，压力过度比压力不足在工作中可能更容易引起人们的注意，但是两者都会引发大问题。

压力来自于对紧迫感的反应，这是可以把握的。调整好自己的生活，组织好自己的工作并保持工作和生活之间的平衡，都有助于减轻压力。总之，良好的规划可以减少某些压力，帮助消除紧迫感，使之不至于演变成心理甚至身体的疾病。

4.3.3　工作和生活之间的平衡

人们越来越重视生活和工作之间的平衡。过去，许多员工面临工作压力很大的问题，要加班加点、全身心地投入工作。而现在，大家都希望能够获得更多的业余时间和私人空间。近期一系列的调查表明：如果员工得以在工作和生活之间保持平衡，旷工现象就会减少，员工的士气就会大增，生产效率会明显提高。例如：

○　尽量把工作放在上班时间内完成；

○　把工作留在单位，不要经常把工作带回家；

○　和家人、朋友度过有意义的周末。

下面的案例与讨论介绍了几个不同的人及其不同的工作方式，你可以分析他们在工作和生活之间是否保持了平衡，并总结出对自己有用的经验。

案例与讨论　回归生活

○　案例一：

布鲁斯终于领悟到"回归生活"这句话的意义了。他坚持自己的生活方式并认为自己做得很好——周一到周五从不加班，每周末最多加一天班。但他经常把工作带回家，在家还为工作发愁，会忍不住对孩子发脾气。晚餐后总是独自在书房处理工作，但他已经疲惫不堪，做事效率比想象中差很多。他渐渐意识到，他的工作和工作习惯已经把自己压垮了。

○　案例二：

刘厂长今天的"待办"日程表上记录着：与副厂长讨论几个员工的投诉；为下午的客户代表座谈会写一份演讲稿；审查他的助手草拟的贯彻食品行业安全健康的情况报告。此外，他还想审阅最近的审计报告并签署意见；检查工厂TQM计划的进展情况；计划下一年度的资本性支出预算，晚上还要陪厂商吃饭。他已经保持这样的工作状态很久了，连周末都没有时间陪孩子去游乐园或者与妻子逛街吃饭，每日都在工厂和客户中间打转，感觉力不从心。

○ 案例三：

杰克每天早晨起床晨练后送孩子上学，然后开车到公司并准时开始工作，晚上下班后与妻子一同逛超市买菜，并在哄孩子入睡后开始将白天未完成的工作收尾。他几乎不在公司加班，周末也会安排自己的娱乐活动。

问题：

上面三个主人公是如何做到工作和生活之间的平衡的？你有什么感想？

总结：

工作与生活并不是矛盾的，两者存在一定的实现平衡与协调的方法。

每个员工都有各自不同的生活，如何平衡取决于员工的具体情况。需要注意的是：工作很重要，生活也同样重要。

4.3.4 任务、团队和个人之间的平衡

工作时间是有限的，所以需要根据团队工作的重点进行合理分配。图 4-1 的三环领导力模型表明了领导工作的三个主要方面（相关内容见 17.3.2 "团队发展的方法"、29.4 中"领导者的任务"介绍）：

完成任务——完成所分配的任务；

建设团队——建立和维持团队；

发展个人——监督、激励、培养和发展团队的成员。

团队领导应该在这三个方面保持平衡，如果失去平衡，团队就会出现问题，领导的作用也会受到影响。如果过多地强调团队的集体行为，员工个人的发展就会受到影响；如果重心都被放到完成任务上，那么团队和个人的发展也会受到影响。

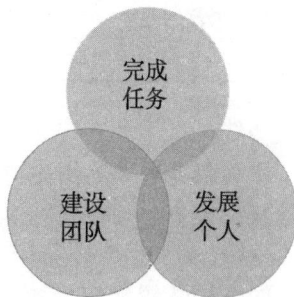

图 4-1 三环领导力模型

什么样的情况才算平衡，完全取决于员工个人的看法。因为平衡不一定是数量上的绝对平衡，人们的行动不可能被平均地分配到这三个方面，但是团队领导必须尽力做好这三方面的平衡。下面的训练与练习帮助你思考自己在这三方面是否能够达到平衡。

训练与练习 三个方面的均衡

问题：

思考你日常的工作内容，有哪些属于以上三个方面？请在表4-5中分别列举出来。

表4-5 日常工作中的三个方面

完成任务	建设团队	发展个人

表4-6表明了在任务、团队与个人三方面的一些活动内容：

表4-6 任务、团队与个人的部分内容

完成任务	建设团队	发展个人（员工）
定义任务，设定标准	建立行动计划	同团队成员一起制定目标
同客户打交道	征求他人意见	指派及分配任务
进行决策	交流信息	监督员工的表现
考察、监督和分配资源	咨询，解答疑问	倾听员工个人的想法
确立团队工作的优先级	改进团队的绩效	对成功给予赞许和鼓励
计划和组织	支持、鼓励、指导团队工作	适当的建议和指导
建立和执行制度	协调各方面工作	技能开发和培训
果断采取行动解决问题	解决冲突	

总结：

团队领导的角色要求他必须在完成任务、建设团队和发展个人三方面实现均衡，只有这样，才能更好地发挥其领导作用。

如果团队领导在各种活动之间没有达到较好的平衡，就需要采取一定的办法来对自己的工作做出改进。例如，如果在以个人为重心的工作上花费的时间太少，那么就要想出改变的办法来，开始关注成员的工作。

以团队或个人为重心的行为对改进团队或部门的工作流程以及最终提高整个部门的生产效率都会带来益处。如果你把合适的项目分配给团队的成员并花时间对他们进行指导和监督，这就等于对未来进行投资，他们将来可能在不需要特别指导的情况下就能完成类似的工作。这样你就可以节省大量的时间，同时还提高了团队的工作能力。

58

另外有必要强调一下：任何有助于团队建设、有助于提高团体整体工作能力、有助于提高团队相互理解的活动都值得投入精力和时间；交流尤为重要，没有相互的沟通和交流团队就无法工作。

上面讲了维持平衡的重要性，你需要结合下面的训练与练习回顾和总结一下自己在任务、团队和个人三者之间是否能够做到平衡。

训练与练习 回顾与反思自己的工作

问题：

○ 参考 4-1 "活动跟踪表" 中的第四栏 "侧重点" 内容，回顾自己每天或每周所做的典型工作，估算在每个领域所花费的时间，你认为时间的搭配合理吗？

○ 回想自己有没有遗漏的事情，有哪些想做但现在没时间做的事，比如一些以团队或员工为重心的活动。

○ 有没有自己希望改正的行为，例如是否可以通过委派、培训或支持的方式把以任务为重心的活动改为以员工为重心的活动。

总结：

定期回顾与反思你在工作中的行为非常有助于你在工作、团队与个人三者之间保持良好的平衡，从而使你能够更好地行使领导的职责。

前面分析了不同的人利用时间的不同方式，并总结了工作中需要保持的几方面的平衡关系。学习完这些内容之后，让我们再回到 4.1 的活动跟踪表（表 4-1），通过对活动跟踪表的分析，你可以对自己利用时间的方式更加清楚，从而能够更加有效地完成工作。

训练与练习 活动跟踪表分析（一）

指导：

第一部分：使用自己的活动跟踪表（表 4-1），利用其中第三栏来评估每项活动的有效性，评估分为 "有效的" 和 "无效的"。请注意有效性并不一定意味着活动具有可测量的结果，比如从某种意义上说，再 "充电" 也具有有效性。

第二部分：完成了第一部分之后，再专门看看无效活动，并运用本章所学到的知识记下产生这些无效活动的原因（比如注意力分散、受到打扰，或是做着一件本不该你做的事），把没时间去做的工作也记录下来（见表 4-7）。

第三部分：看看表 4-7 列出的原因是否典型地反映出自己的 "弱点"，是否还有其他的一些原因。运用自己的经验和本章所提建议，在第三栏内写下能采取的措施。

表 4-7　对无效活动的分析

无效活动	无效的原因	改进措施

做题时，可以参考下列问题。

问题：

○　某些事情占用的时间是否比你想象的要长，为什么（例如你错误估计了时间、精力分散、受到打扰或办事中途被打断）？

○　打电话是否占用了太多的时间，电话是打进来的还是打出去的？

○　你是否等着别人把电话打进来，从而浪费了时间？

○　你能否长话短说？

○　你在信息交流上花了很多时间吗？是否应事先熟悉信息的内容以缩短时间？

○　构思和思考花了多少时间，这对你整理思路或休息大脑重要吗？还是你为此推迟了另一件工作？

总结：

对自己的活动跟踪表进行分析并且回答上面的问题之后，你对自己利用时间的效率应该更加清楚了。你可以针对自己的弱点制订提高计划，也可以结合后面的章节解决在计划方面和时间利用方面存在的问题。

活动跟踪表分析（二）我们将在学习完第 5 章"规划时间"后进行学习。

延伸与拓展　大脑的黄金时间

一天 24 小时中，人们一般认为早晨和晚上是读书学习的好时刻。因为在这两个时间里，前摄抑制和后摄抑制都相对减少，神经活动很活跃，注意集中，精力充沛。加上环境寂静，较少干扰，确实是记忆知识的好时机。许多脑力工作者在这两个时间的创造性最高。

据研究，白天一般人大脑机能状况有两个时间最好。一是上午 9 点至下午 1 点，出现第一次工作能力高峰，然后其功能逐渐下降。二是下午 4 点至 6 点，活动能力又上升，出现第二次工作能力高峰。仅以白天而论，这两段时间都是记忆的理想时间。

此外还有人提出，一般人每天记忆的最佳时间有 4 个高峰期：一是清晨 6 点至 7 点，这时大脑已在睡眠中做完了对前天所输入信息的整理编码工作，而且睡眠中并没有新的记忆材料输入大脑进行干扰，没有前摄抑制的影响，识记印象清晰，记忆效率高。二是上午 8 点至 10 点，经过几小时轻微活动，这时精力上升到旺盛期，处理识记材料的效率提高，记忆量较大。三是下午 18 点至 20 点，有实验结果表明，这是一天中记忆的最佳时间。四是临睡前 1～2 个小时，即晚上 22 点左右。此时记忆材料后即进入睡眠状态，没有新的信息输入，不存在后摄抑制的影响，记忆效果好。

——车丽萍. 记忆术——科学的记忆方法研究[D]. 华东师范大学，2004.

本章小结

本章你需要学会制作活动跟踪表来提高时间管理能力，通过时间的利用效率分析出时间管理的问题并训练自己尝试做出改变。不仅追求工作与生活的平衡，还要注重工作与工作能力的平衡促使自己螺旋上升式提升，也要在压力过度与压力不足之间找出自己的原动力，最终做到任务、团队和个人之间的平衡。

61

思考与练习

1. 制作活动跟踪表的步骤有哪些？
2. 在你的工作生活中，常见的时间利用效率低下的原因有哪些？

第5章 规划时间

学习目标

1. 了解关于制订计划的不同观点；
2. 掌握制订工作计划需要考虑的两个方面；
3. 重点掌握时间管理矩阵及如何处置不同优先级别的任务和工作。

学习指南

人们为了能够有效实现工作计划中的目标，往往需要对自己的时间进行规划。本章主要介绍如何组织和计划工作，学习如何制订计划并检查目标，如何安排任务的优先级以及如何处理不同优先级别的工作。

关键术语

计划　时间管理矩阵　任务优先级　提高工作效率

5.1 做好计划

制订一个具体完善的计划对工作来说是至关重要的，它可以帮助你控制工作的进度。但是在现实工作当中，有许多人对计划的重要性并不是很理解。下面的案例与讨论中就讲述了这样一个道理。

案例与讨论　计划的重要性

曾经有一个十多岁的穷小子，身体非常瘦弱,却在日记里立志长大后做美国总统。如何能实现这样宏伟的抱负呢？经过思索，他拟定了一系列目标。做美国总统首先要做美国州长——要竞选州长必须有雄厚的财力后盾的支持——要获得财团的支持就一定得融入财团——要融入财团最好娶一位豪门千金——要娶一位豪门千金必须成为名人——成为名人的快速方法就是做电影明星——做电影明星前得练好身体,练出阳刚之气。

按照这样的思路，他开始行动。某日，当他看到著名的体操运动主席库尔后，他相信练健美是强身健体的好点子。他开始刻苦而持之以恒地练习健美，他渴望成为世界上最结实的壮汉。三年后，借着发达的肌肉，一身似雕塑的体魄，在以后的几年中，他囊括了各种世界级的"健美先生"称号。

22 岁时，他踏入了美国好莱坞。在好莱坞，他花费了十年时间，利用自身优势，刻意打造坚强不屈、百折不挠的硬汉形象。终于，他在演艺界声名鹊起。女友的家庭在他们相恋九年后，也终于接纳了这位"黑脸庄稼人"。他的女友就是赫赫有名的肯尼迪总统的侄女。

晚年的他，告老退出影坛，转而从政，成功竞选为美国加州州长。他的下一个目标就是美国总统。他就是阿诺德·施瓦辛格。

问题：

阿诺德·施瓦辛格的经历对我们有什么启发？

总结：

他的经历告诉我们，无论是在工作还是生活中，无论面对多大的问题，都应该先从做好计划入手，做起事来才会有条不紊。

从案例中可以看出，认识到计划的重要性需要一个过程。下面的评测与评估可以测试你对计划的看法。

评测与评估　你如何认识做计划

指导：

生活如同航海，你在航行的过程中也不知道会不会有风暴，即使天气预报有时也会失误，未来的不确定性使得计划更加重要。何以见得？有的人说反正情况总会发生变化，未来也难以确定，现在制订计划又有什么用，不是白费力气吗？在制订计划的时候你有什么感觉？它使你觉得担心还是有用？请根据你的认可程度在下列说法的 A 或 B 中进行选择。

1. A. 我用不着计划我的工作。

   B. 为了把工作做好我需要做计划。

2. A. 做计划限制了我的自由。

   B. 做计划给我提供了一个工作的框架，使我有机会预测某些有可能发生的事。

3. A. 做计划并不符合我的工作方式。

   B. 做计划适合我，我想知道我每时每刻都在做什么。

4. A. 没有哪种计划可以帮我应付日常的变化和压力。

   B. 做计划能够帮我理出可以自我控制的时间。

5. A. 制订计划太具体，太复杂，而且没有用处。

   B. 我不太注重计划的细节，这样我的计划就灵活得多。

6. A. 做计划花的时间太多。

   B. 做计划花不了太多时间，不会干扰我目前的工作。

7. A. 我做的计划多并且不符合实际。

   B. 我只制订自己能做到的计划。

总结：

统计选择说法 A 和说法 B 的个数：

说法 A：_____（个）　　说法 B：_____（个）

○ 如果在上面 7 项说法中都选择了 A，那么可以肯定你对制订计划的整个概念有误解；

○ 如果在 7 项说法中都选择了 B，意味着你可能已经开始试着做计划了；

○ 如果选择的说法 A 比说法 B 多，说明你需要改变对"做计划"的认识，并学习如何更好地做计划。

上述一系列问题表明了各种关于制订计划的想法，有些想法属于人们的偏见。表 5-1 是我们列出来的一些错误想法和对它们的反驳意见，你可以从中看出制订计划的重要性。

表 5-1　关于制订计划的一些观点和意见

错误的想法	反驳的意见
计划只对某些种类的工作奏效	计划对所有管理工作都奏效
计划限制了行动的自由度	除非计划是僵化的，否则情况并非如此，在运作中完全可以使计划适合于员工
一些人从计划中受益；另一些人则不然	每位员工都能从自己的计划中获益，但一项计划对某一员工来说可能是最好的，对另一员工可能并不适用
对于每天都有变化的工作来说计划并不起作用	即使针对这样的工作，大多数人也能从计划中获益。计划能够安排好时间，可以使员工适应日常工作
计划应该是精确的、详尽的	计划既可以详尽，也可以松散，只要奏效就行
做计划花费的时间太长	一旦养成了习惯，制订计划只需要花几分钟的时间。当然最初花的时间可能会长一些，可是由此节省下来的时间却值得一开始多花点时间
计划与现实世界无关	除非制订的计划不切实际，否则计划和现实世界是密切相关的

第 II 单元　时间管理

通过上面的学习你可能已经意识到计划的重要性。但是做计划前要考虑以下两个方面：

1. 正确设定任务优先级

在制订计划过程中确定任务的优先级是关键的一步。缺乏这种判断力，就不能有效规划时间。如果你在无关紧要的事情上花的时间与在重要的事情上花的时间同样多，你的时间肯定不够用，所以，必须首先决定哪些事更为重要，哪些事更为紧迫。

2. 平衡员工三方面的行动

要平衡员工在任务、团队、个人三个方面的行动，首先就需要对日常的典型工作进行分析，看看工作中基于任务、基于团队和基于个人的各项活动搭配是否合理。

上面两个方法对团队领导来说都非常重要，它们都有助于制订一个好的计划。

5.2 时间管理矩阵

一个好的计划需要分清事物的轻重缓急，这是管理者的基本技能。他们不但应该对每天或每周要做的事情做到心中有数，而且应该分清主次，清楚哪些事情必须优先处理，同时最好根据事情的轻重缓急来安排员工的活动。

作为团队领导，可以将任务按照紧迫性与重要性进行分类——紧迫的事（临近最后期限，事出紧急）要立即加以关注，重要的事（对结果、绩效或长远目标意义重大的事情）需要优先处理。

图 5-1 是表示任务重要性和紧迫性的时间管理矩阵，它有四个区域，分别代表不同优先级的任务。

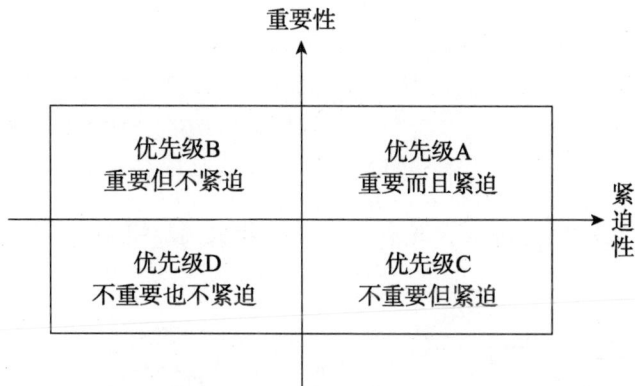

图 5-1 时间管理矩阵

步骤与方法　确定任务优先级的方法

1. 优先级 A：重要而且紧迫——危机和紧迫情况、有着最后期限的项目或亟待解决的重要问题。

大多数团队领导会首先应对优先级 A 的任务。要完全消除危机是不可能的，但是可以通过预先安排来减轻危机的程度，也就是需要将它变成优先级为 B 的事情。许多优先级 A 的情况之所以会出现正是因为我们未能预见这些情况并对其做出计划，例如：

○　未注意到警告信号；
○　到了紧迫关头，仍然未采取行动；
○　对不同的工作所需的时间估计不足；
○　在计划日程里没有包括处理突发问题的时间；
○　分配出去的工作没有定期检查。

2. 优先级 B：重要但不紧迫——准备、预防措施、规划和审议、团队建设、团队和员工的发展。

通过预测危机并提前进行计划，优先级 A 的很多情况可以转变成优先级 B 而被提前妥善处理。有效率的团队领导会将大部分精力投入到优先级为 B 的工作中去，这些工作将有助于员工和团队的发展，最终也会有助于组织取得长期业绩和发展生产力——这些是管理者最主要的管理责任，值得花费时间和精力。

3. 优先级 C：不重要但紧迫——电话、不必要的会议、帮助团队成员解决问题。

确实有为数不少的团队领导在优先级 C 的任务上花费太多时间，因为这些事情无论是看上去或是感觉上都很"紧迫"。一般来说，处理这些问题比静下来处理更为重要的问题容易得多，这样他们就会让优先级为 B 的工作（重要但不紧迫）一直积压着，最后变成危机。

4. 优先级 D：不重要也不紧迫——闲聊的电话、干扰、鸡毛蒜皮的琐事。

如果你在优先级 D 的任务上花费了绝大部分时间，那就需要仔细反思一下工作方式了，问问自己为什么会浪费这么多时间。这些都是所谓的"让人忙乱的工作"，看起来真的很忙，可是都没忙到点子上。浪费时间的罪魁祸首是拖延、缺乏信心和缺乏指导。

了解了任务优先级别的划分，我们来看下面的案例与讨论，并对案例中的问题进行思考。

案例与讨论　张经理的一天

张经理是某集团公司下属酒店的客房部经理。这是平常的一天，一上班，他立即

66

陷入了忙乱之中。他刚踏入办公室，一系列的难题就来了：

1. 接待部报告说上午 9 点有一个 50 人的旅游团入住，其中有 45 人由一家三口组成，需要 15 间家庭套房。但酒店只剩余 10 间家庭套房，而且 12 点之前肯定腾不出其他房间；

2. 旅游局通知，明天上午 9 点召开全市酒店工作会议，讨论各酒店如何迎接可能到来的旅游高峰。张经理要代表酒店出席会议并准备发言；

3. 总经理秘书来电话说，集团老总下午要出差，希望上午能有时间与张经理讨论客房部如何完成下半年的营运目标的问题。

4. 公关部经理来电说，酒店准备与南方航空公司在广州、北京、上海推出"浪漫丽江新感觉，机票+酒店套餐"，广告稿已经设计出来了，需要他来审定。

5. 人力资源部来电说，张经理部门的小林昨天提出辞职，好像是另外一家酒店要挖她过去；小林是张经理培养了五年的爱将，做事认真负责，对待客人真诚，而且精通酒店各项业务。

6. 妻子来电话，说岳母大人上午 10 点到机场，要张经理开车去机场接一下。

问题：

面对这么多的任务和冲突，张经理应该如何有效地安排今天的工作？

总结：

利用时间管理矩阵分析，我们可以发现，张经理今天要做的事情的优先级及处理方法如下（见表 5-2 和图 5-2）：

表 5-2 张经理的任务优先级分析

任务	优先级	处理方法
1. 处理客房部家庭套房的事情	A	马上做
2. 准备旅游局会议	B	稍后做
3. 与总经理谈运营目标	B	换时间做
4. 新项目广告审定	B	换时间做
5. 解决员工辞职问题	C	协助和提建议
6. 去机场接岳母	C	安排别人代劳

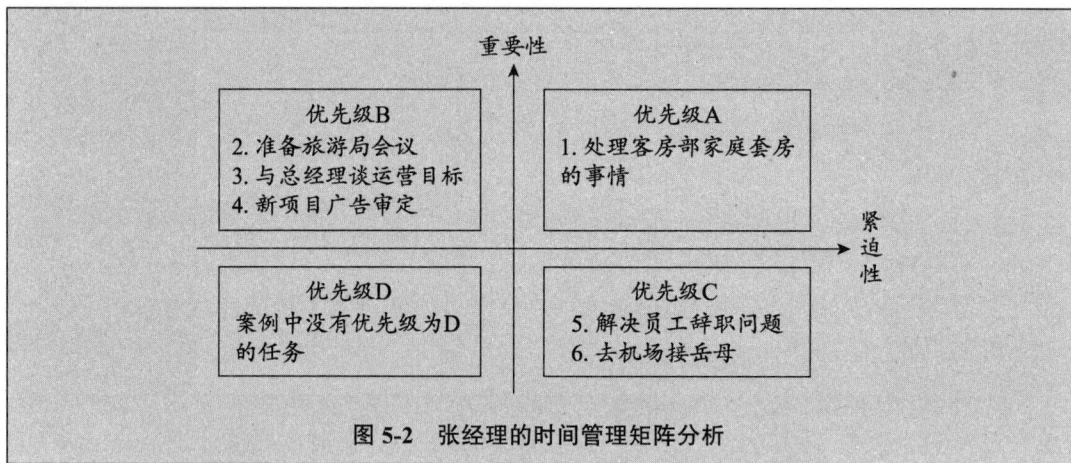

图 5-2　张经理的时间管理矩阵分析

下面的训练与练习可以帮助你思考自己在日常工作中是怎样安排不同优先级的任务的。

训练与练习　任务的优先级

指导：

请列举自己每天在各个优先级的工作上所花时间的比例，并进行思考。

优先级 A：＿＿＿＿＿＿＿　　　　优先级 B：＿＿＿＿＿＿＿

优先级 C：＿＿＿＿＿＿＿　　　　优先级 D：＿＿＿＿＿＿＿

问题：

○　是否在其中某个领域花了太多的时间？

○　是否在其中某个领域花的时间太少？

总结：

经过回忆与思考，你可以分析自己在不同优先级别的任务上所花费的时间究竟如何。在本章结束时，你可以把这些估计与活动跟踪表的分析进行对比，看看两者之间是否有很大差异。

在处理以上各个优先级的任务时，可以用以下方法来提高自己的工作效率。

步骤与方法　提高工作效率的方法

○　保证每天在重要但不紧迫的任务上适当花费一定的时间；

○　分析一下自己何时工作效率最高；
○　为重要的工作选择最佳时间；
○　确保在做重要工作时不被打扰；
○　少接电话以避免被打扰；
○　预见并及时处理问题；
○　养成并坚持良好的工作习惯；
○　根据任务优先级，确定自己每天的实际目标和工作方式；
○　严格执行计划。

在学习完第 4 章"提高效率"后我们对工作进行了有效性分析，并完成了训练与练习"活动跟踪表分析（一）"。下面通过对活动跟踪表进行进一步的分析，来回顾一下自己的工作究竟完成得如何。

训练与练习　活动跟踪表分析（二）

问题：

完成前面的活动跟踪表（见表 4-1），回答问题并看看有没有什么方式可以使计划做得更好。

步骤 1：回顾活动跟踪表，在第四栏中，注明各项活动的侧重点是任务、团队还是个人。在第五栏中将它们分为 A、B、C、D 四个不同的优先级。

步骤 2：回答以下问题：

○　这是典型的一天吗（如果不是，需要在步骤 3 中做一些调整）？
○　你对自己的工作方式满意吗（即使满意，也可能还有改进的余地）？
○　你是否把大部分的时间用于处理某个优先级的任务上了？
○　这令你吃惊吗？如果是的话，为什么？
○　你是否花时间处理优先级 D 的任务了？如果是，有没有把事情往后拖？为什么？
○　有没有想做却没时间去做的事？
○　在一天当中有没有出现这种情况：本来可以花时间或者安排时间来处理优先级 B 中的某些工作，实际上却没有？
○　你有没有把工作分派给别的人来做？分派的是什么工作？
○　确定自己大概的时间分配比例（百分比）：
　　（1）以任务为重心的活动　＿＿＿＿＿＿＿＿
　　（2）以团队为重心的活动　＿＿＿＿＿＿＿＿
　　（3）以个人为重心的活动　＿＿＿＿＿＿＿＿

○ 是否愿意在上面的活动中花更多的时间，具体是哪一种活动？

○ 如果活动跟踪表是别人的，你会给他提什么样的建议？

步骤3：根据回顾的结果，再想一想将如何安排同样一天的工作时间，在改进计划中你会采取哪些不同的做法？利用下面的问题来帮助自己。

○ 在什么时候安排自己不受打扰地去处理优先级为B的工作？

○ 会把什么样的工作分派给其他的人，具体分派给谁？

○ 哪项紧迫的工作（优先级C）可以由其他人来做（对此需要事先计划好）？

总结：

深入思考本训练与练习中的各个问题，根据活动跟踪表的结果对自己的工作做出更好的安排，这将有利于提高你对时间管理的效率，使你把精力集中到更重要的工作上。

本章小结

本章重点介绍了时间管理矩阵，以及如何通过使用这个时间管理工具正确划分出任务优先级，以此提高工作效率。

思考与练习

1. 你对计划的看法是什么？
2. 任务优先级是怎样划分的？
3. 各个任务优先级的特点都是什么？
4. 在你的工作中，你所运用到的提高工作效率的方法有哪些？

第6章　克 服 障 碍

学习目标

　　1. 掌握自信、好斗、自卑等各类人的行事特点；

　　2. 重点掌握建立自信的几种方法。

学习指南

　　通过前面的学习，你已经了解了自己的习惯、学会了如何制订计划。本章讲述的内容是应该怎样克服工作中遇到的障碍。工作中遇到的许多问题都是由于未能自信、果断地处理好与团队成员的关系所造成的，所有这些问题都会使工作量加大、工作时间加长。在本章中，首先讲述团队领导为什么必须自信果断；然后，介绍如何才能成为自信果断的人，通过训练与练习有助于你提高自我管理的能力。

关键术语

　　行为方式　建立自信

6.1　三种行为方式

　　人一般表现出的行为方式有三种：自信果断、消极/自卑、好斗。其中自信果断的人能够恰当地表达自己的需求和情感，能够在不侵犯他人利益的前提下争取自己的权利（侵犯他人利益去争取自己的权利是侵略性行为）。自信果断的人往往很坦荡而且相信有权按照自己的想法去做事情，他们相信自己的权利、需求与别人的一样重要。

　　而与自信果断不同的是：

　　○　消极/自卑的——总认为自己的权利、要求和需求不如别人的利益重要；

　　○　好斗的——总认为自己的权利、要求和需求比别人的利益重要得多。

　　自信果断的人以一种合理、冷静和明确的方式去争取自己的各种利益，他们并不因为提出了要求而感到内疚；他们认为自己有权利拥有自己的观点，同时也承认别人可以拥有不同的观点。如果他们得不到他们所要求的（以自信的方式去争取并不代表一定能争取到），他们会理智地争取。

在特定的环境下人们可能会改变自己的行为方式。有些人在紧张时会变得具有侵略性，而有些人在面对上级时会变得不那么自信。人们的行为通常反映出他们从童年时代就开始形成的性格。下面的训练与练习将帮助你判断一个人的性格特点。

训练与练习　如何判断是哪类人

问题：

如何判断一个人是哪类人？

总结：

表 6-1 列举了自信、好斗和自卑的人的行事特点。

表 6-1　自信、好斗和消极/自卑的人的举止特点

自信果断的人	好斗的人	消极/自卑的人
○ 说话时总用"我"	○ 在说话时过度使用"我"	○ 过分谦虚
○ 清楚表明自己的需求	○ 不惜一切代价想赢	○ 自我贬低、自嘲
○ 说话切题	○ 把自己的观点说成是既成事实	○ 不了解他人的需求
○ 在任何场合言行适度	○ 使用"断定"类语言	○ 不愿直接说出自己的需要
○ 对他人的想法和需求感兴趣	○ 不听取他人意见	○ 说话转弯抹角，说不到点子上
○ 具有合作精神	○ 威胁、恫吓、攻击别人	○ 对自己的行为不负责任
○ 勇往直前，寻找解决问题的办法	○ 总爱说"你应该"或"你必须"	○ 苦行僧（自我牺牲）
○ 能够决断	○ 责备他人	○ 焦虑不安
○ 能够支持他人	○ 不耐心	○ 经常自责
○ 合理和公正	○ 不承认自己的弱点和错误	○ 优柔寡断
○ 承认自身的弱点		○ 易被别人操纵
○ 听取他人的意见		
○ 考虑问题周到		

回答下面评测与评估中的问题，并根据结果分析自己是否自信。

评测与评估　你自信吗

根据表 6-2，从"一直""经常""有时"或"从不"中选择相应的分值。

表 6-2　自信程度评估表

	一直	经常	有时	从不
1. 你喜欢自己吗？	+4	+3	+2	+1
2. 你知道特定情况下自己的需求吗？	+4	+3	+2	+1

续表

	一直	经常	有时	从不
3. 你知道你想从生活中得到什么吗？	+4	+3	+2	+1
4. 你能冷静和明确地提出你的需求吗？	+4	+3	+2	+1
5. 你觉得自己的期望切合实际吗？	+4	+3	+2	+1
6. 你能承认自己的缺点和弱点吗？	+4	+3	+2	+1
7. 你能公开承认自己的错误并公开接受合理批评吗？	+4	+3	+2	+1
8. 在受到不公正的批评时，你能为自己辩护吗？	+4	+3	+2	+1
9. 你能主动、及时地处理问题吗？	+4	+3	+2	+1
10. 你能指出他人积极的方面吗？	+4	+3	+2	+1
11. 你能指出他人消极的方面吗？	+4	+3	+2	+1
12. 你能适当地拒绝别人的要求吗？	+4	+3	+2	+1

总结：

48分是最高分——非常自信！

12分是最低分——非常自卑！

○ 如果你的得分高于36分，表明：

你比较自信，而得分如果高于42分说明你格外自信——你总是很自信，你用不着惹怒别人就能达到你的目的；

○ 如果你的得分在24～35分之间，表明：

一般来说，你是自信的，尽管还有改进的余地。你有可能在大多数问题上选择"有时"或"经常"；你可能有良好的平衡，亦能很好地照顾自己。如果你在某些问题上选择"从不"，则需要提高解决相应问题的能力（"从不"意味着自卑或消极的行为）；

○ 如果你的得分在12～23分之间，表明：

你非常不自信，你必须学习自信的技能。自信不是与生俱来的，必须进行培养；由于自信是一种技巧，你可以学着做到自信；如果你能掌握后面将会提到的培养自信的方法和技巧，经过主动练习和运用，你完全可以学会以自信的方式行事。

6.2 建立自信的方法

想一想当有人要你做你不想做的事情时自己的反应。你在做什么？你的肢体语言是怎样的？掉过头去？看着别处？开始干别的事？还是做了些别的什么，比如：你是否犹豫不决，嘟囔着："呃……"或者总把"特别忙"挂在嘴边？

6.2.1　学会适当的拒绝

　　每个人都应有接纳与宽容之心，但也要学会拒绝。喜剧大师卓别林就说："学会说'不'吧，那你的生活将会美好得多。"盲目和好心，并不一定能带给你愉悦。一个人想要活出自己的价值，就先学会拒绝。拒绝是一种权利，就像生存是一种权利。适时、适度地拒绝，是对自己负责，也是对他人负责。无论是在职场、社会，还是家庭中，这种人生角色，都会消耗掉他的大量时间精力，失去原本应有的自由，甚至为此吃尽苦头。

　　建立自信的首要步骤是学会适当的接受与拒绝。如果你发现自己总是很难拒绝别人的要求，下面的方法可能会对你有所帮助。你需要反思自己在相应情形下的表现，根据下面的指导作出改进。

步骤与方法　适当拒绝的方法

- ○　当你想拒绝的时候，你是积极自信的，你有权利做这样的决定。写下或记住总结出的一系列理由：这不是我的工作/我很忙/适当拒绝没有什么错误……这样做不是为了让你把这些原因说出来，而是让你在拒绝要求时信心十足；
- ○　在你被要求做某事时，三思而后行（但想的时间别太长）；
- ○　看着对方的眼睛，要直截了当，但不要粗鲁无理；
- ○　别把问题都揽到自己头上。如果不去做某事，就别去想后果。如果还想着别人会如何处理或谁能够代替你来做的话，你早晚还得说"好吧"；
- ○　真正明确地表达你拒绝的想法。例如先说"不行"，然后说"抱歉""我很忙""我没时间"等。不论你说什么，都要让对方明确你的想法；
- ○　缄口不言，用不着解释。因为你一解释，就会引来别人继续说服你，和你讨价还价，聪明的办法是不要引发这种讨论。

　　根据上面所学的知识对下面的案例与讨论进行分析：

案例与讨论　戴维亚的烦恼

　　戴维亚与上司关系一直不错。因为善于沟通，她最终得到承包经营本公司旗下新技术开发分公司的机会。对一个职场新人来说，这是非常好的历练与提升机会。戴维亚也没有辜负领导的期望，不但让经济效益连年增长，而且还使企业产值大幅上升。公司经营好了，就会引起求职者关注。很多昔日同事想借机会来戴维亚身边。

　　一天，她上司打来了电话，说："我想向你推荐一个新人，是我朋友的孩子，不知公司能不能给安排一下呢?"虽然戴维亚面对很多同事的暗示总能化解问题,可对于上司亲自打来的电话,她就有些不好意思拒绝了,只好说:"先面试看一下吧!"

第二天,新人便来了公司,戴维亚亲自面试。显然,新人的专业与公司一点都不对口。戴维亚有些为难了:拒绝吧,会让上司没面子,不拒绝吧,公司就意味着多加一个不干活的人,而且,这个门一旦打开,日后还不知道有多少人会这样相求。想到这里,戴维亚眼珠一转,有了主意。

面试后的第二天,她请上司和新人一起来公司参观。一边参观,她一边对上司说:"这些年,在您的指导下,公司发展得还算不错,今年也按照您的指示,进一步加强了管理与用人制度,效果一直非常好。如果有其他要求,还请您继续指导。"上司满意地点头,因为戴维亚一直强调上司的作用力,让他感觉很受用。可是,接下来戴维亚又说:"对于您推荐来的人,因为专业不对口,公司管理层认为不能通过,这主要还是怕影响今年的承包指标,如果其他部门有合适的工作,我日后会再让他来试试,您看这样处理可以吗?"戴维亚这样一说,上司却有些不好意思,说:"我之前也没考虑到他的专业问题,看来给你惹麻烦了。那就按你说的办吧!"

如此一来,戴维亚成功拒绝了上司的推荐,而且没有伤一点和气。

问题:

你认为戴维亚的做法值得学习吗?

总结:

其实,对于一个沟通能力够强的聪明人来说,拒绝完全不是什么大问题,只要"开诚布公"讲出自己的为难之处,再反复提及公司利益,那就绝对可以为自己留下退路了。

6.2.2　说出你的需求

这属于另外一类问题,原则上还是关于如何适当拒绝任务,只是程度稍有不同。从下面的案例与讨论可以看出,如果在内心不断给自己消极暗示,就无法直接说出自己的需要了。

案例与讨论　错误的报告单

拿破仑·希尔是世界上伟大的励志成功大师之一,被称为"百万富翁的创造者"。他早年所在的医院,有过这样一个事件:因工作差错,填错了编号,使两个胸部透视的患者相互取走了对方的检查报告单。这两个患者,其中一个患有肺结核,却因编号错误而使另一患者被误诊。后来,那个真正患有肺结核的患者却不治而愈了,而另一个根本就是健康的人，因受到错误的报告单的暗示，最终住进了医院。

问题：

这个故事说明了什么道理？

总结：

内心的消极暗示的破坏力是非常强大的，我们要努力排除自己在工作和生活中产生的消极暗示。

消极暗示不利于自信做事。那么如何解决消极暗示的问题呢？下面的训练与练习会对你有所帮助。

训练与练习　积极暗示

问题：

人是唯一能接受心理暗示的动物。积极的暗示，会对人的情绪和生理状态产生良好影响，激发一个人的内在潜能，催人奋进；而悲观的暗示，只会让自己日渐消沉，变得越来越平庸。在你的生活工作中，有没有一些时候你不能随意说出自己想要的？你头脑中有没有什么念头阻止你这样做？你意识到下面的问题了吗？

○　我必须帮助其他人，我不能给他人造成麻烦，我必须被人喜欢；

○　我不能直截了当地说出我想要什么，我自私，我强加于人；

○　其他人会认为我自私，会不喜欢我，会不理解我，会拒绝我。

总结：

如果你意识到了这些在头脑中早就预先设计好的念头，你可以通过自我说服或给自己积极的暗示来克服它们。告诉自己有权力像其他人那样去争取，虽然这需要花费精力，但是会奏效的。积极暗示有助于自信行事，这种方法需要有意识地进行主动练习，一旦形成习惯，你就会更加自信。

克服了消极暗示，你还需要掌握其他一些表达需求的方法。

步骤与方法　说出需求的方法

○　对你的需求有信心并心中有数；积极但不好斗；

○　假设一切会顺利；

○　将注意力集中在正事上，别忘记你想要什么，你为什么想要它；

○　直截了当地说出你的需求，以"我"开场；

- 对你的需求说出明确、简短的理由，用不着证明或进行长篇大论的演说；
- 使用积极的肢体语言——面对当事人，看着他们的眼睛，别抱着胳膊或让手挡住脸；
- 彬彬有礼地倾听他人的话语；
- 坚持不懈——坚持你希望得到的并记住强调你的需求；
- 别被他人的谈话分散注意力，把谈话引回到你的需求上来。

6.2.3　不要浪费时间

以下一些事可能会发生在大多数人身上：作为团队的领导，当团队成员遇到问题的时候不是教他如何去处理，而是自己包办，于是自己就被这个问题缠住了；有时候发现自己做的一些日常琐事本来是可以让团队的其他成员去做的，但是却没这样去做。你有没有遇到过类似的情况？下面的步骤与方法可能会对你有所帮助。

步骤与方法　减少时间浪费的方法

- 回顾你的工作，思考哪些工作可以由别人来完成；
- 考虑现行的制度——按照制度你是否必须帮助别人完成；
- 事先做好安排，以避免重复性工作；
- 把更多的事务性工作分派出去，这样你就有更多的时间进行策划；
- 不要接手不属于你职责范围的工作；
- 相信你的团队成员，并给他们分派任务；
- 如果你接受了一些新的任务或职责，设法只取其一。把不太重要的任务或职责委派给他人或花一定时间培训他人来完成。

为了减少时间的浪费，我们有多种提高时间利用效率的方法。上面是我们经常用到的一些方法，下面的训练与练习将帮助你检查一下自己是否合理利用了时间。

训练与练习　合理利用时间

问题：

在你平常的工作活动中，你认为自己有哪些地方没有合理利用时间？

总结：

作为团队领导者应该做好计划，然后明确自己应该做的工作。不重要的或者可以授权给他人的工作就让他人去完成，给自己留出时间处理重要的事情。

6.2.4 学会应付打扰

打扰往往会带来许多麻烦，例如使时间白白流逝而什么事也没完成。平时，我们总会遇到这样的事情：有人要找你谈话，有人需要你的帮助，有电话要接，有人碰巧路过和你聊聊……出现这类问题的根本原因其实在于自己情愿被打扰。如果能够自信果断地应付，你一定能够避免别人的打扰。

应付这种问题最好的办法就是预留出一些时间使自己不被打扰，并且让大家都知道。下面是一些应付打扰的方法和案例。

步骤与方法　应付打扰的方法

- 找一个安静的场所；
- 告诉来访者他们来访时可以给他们安排一定的时间（例如可以告诉他们你只有五分钟）；如果已经有话在先，就一定按说的去做，以表现出自己说到做到；
- 到了规定的时间就看看手表，给来访者暗示；
- 告诉来访者或打电话的人你现在很忙，但会安排时间再让他们来访或来电话。

案例与讨论　处理电话打扰

78

旺达是某保险公司销售主管，最近她遇到一些非常头疼的事情。一些投保人因保险是否生效的问题频频来电询问，也有新客户咨询保险种类的，还有的是投诉保险员的。旺达在这些电话中手忙脚乱，经常是一边吃饭一边接电话，自己正常的工作无法开展。

问题：

鉴于旺达的这种情况，有什么建议可以让她解决目前的难题呢？

总结：

旺达的情况说明，她没有很好地处理这些电话的干扰。以下的一些方法可以供她参考：

- 别人给你打电话之前，可以在方便的时候主动接触他们并给他们打电话；
- 留出打电话的时间，然后集中时间把这些电话打完；
- 别等来过电话的人再打给你，如果是重要的电话，主动打给他们；
- 给打电话的人一个时限，告诉他，"是的，我可以谈几分钟"；
- 你先说结束语："在我们挂断之前……"
- 说"我现在得走了……"并挂断电话；
- 如果有必要，安排一个较长的时间来打电话；尽量不要占用处理重要事情的时间。

下面的训练与练习帮助你思考如何把本章的理论应用到实践中。

训练与练习　改进计划

指导：

想想你工作中哪些领域需要提高或改进。

想出一项具体的、可以运用上面学习内容的任务，制订一份详尽的计划，在计划执行之后，总结执行效果。

改进行动的计划：

行为和情境： _____ 目标（想达到什么目标）： _____

结果（如何知道自己达到了目标）： _____

开始及完成时间： _____

计划中的步骤（你可以根据实际情况来列举）：

_____

_____

问题：

○　什么事进行得顺利？

○　我怎样才能做得更好？

79

总结：

通过训练与练习，你可以分析和回顾自己执行计划的结果，检查自己是否顺利达到了目标，即使没有达到目标，你也能够知道问题出在哪里，并解决问题，你就可以提高自己的能力。

本章小结

本章阐述了人的三种行为方式，并重点介绍了建立自信的几种方法，你需要学会这些方法，并将它运用到你的工作学习中。

思考与练习

1. 人类的行为主要分为几种类型？特点各是什么？
2. 在工作中，帮助你建立自信的首要步骤是什么？你应当如何做？

实践与实训

指导：

本练习分为三部分：

○ 详细计划一天的工作；

○ 执行计划；

○ 回顾计划并提出改进建议。

第一部分：计划

为一个工作日制订出一个切实可行的计划。

○ 首先，列出你要做的所有事并按轻重缓急将其排列，如果可能，列出一份时间表；

○ 在你的计划中写下一天之中最主要的目标；

○ 安排时间贯彻优先级 B 的工作；

○ 决定把一件或多件任务分配给其他人；

○ 给任务以时限；

○ 执行计划。如果可能，在计划上做注释。

当日的计划表

当日的目标：		
行动	时间	说明

第二部分：完成计划

贯彻当天已制订好的计划，只要有可能就执行你的计划。

第三部分：回顾

○ 在一天的工作结束时，回顾你的计划并问自己以下问题：

○ 我达到了主要的目标了吗？如果没有，为什么？

○ 我把所有工作都做完了吗？如果没有，哪儿出了问题？

○ 我做了什么使得计划完成得不错？

○ 我做了什么使计划没有完成？

○ 在完成优先级 B 的工作时，我是否可以不被打扰？

○ 我把一项或多项工作委派或分配给别人了吗？

○ 工作委派或分配是怎样奏效的？

○ 我如何才能改进自己的计划以及以后的工作方式？（提建议）

总结：

此练习通过实际制订并执行某天的工作计划及分析执行结果来检验学习成果，如果你已经具备时间管理的能力，你将会发现一切轻车熟路；在工作实践中要持之以恒地进行时间管理，把它提升到工作能力的高度。

单 元 测 试

一、单选题

1. 许经理的一周经常好像什么事情都没有做，但是他也没什么闲暇的时间。对此，他可以通过（　　）了解自己的工作习惯并找出自己工作的细节问题。

   A. 活动跟踪表　　　　B. 头脑风暴法　　　　C. SMART 原则　　　　D. PEST 法

2. 夏夏和小凡对工作计划的看法完全不同，夏夏认为"计划是没有用的，因为计划赶不上变化"，小凡则认为"任何工作都需要详细的计划"。关于这二人的观点，说法正确的是（　　）。

   A. 小凡的观点正确，只要是计划，就有用

   B. 夏夏和小凡都正确，他们对计划有不同的看法

   C. 夏夏的说法正确，对于每天都有变化的工作来说，计划不起作用

   D. 他们两人的观点都是片面的，变化的工作也可以有合理的计划，计划可以详尽，也可以粗略，只要奏效就行

3. 对于小红列出的各种提高自己的工作效率的方法中，其中不能帮助她的是(　　)。

   A. 分析自己何时工作效率最高　　　　B. 严格执行计划

   C. 延长工作时间　　　　D. 养成并坚持良好的工作习惯

4. 章章在工作中具有合作精神，肯承认自身的弱点，听取别人的意见，这表明他是一个（　　）。

   A. 好斗的人　　　　B. 消极的人

   C. 自卑的人　　　　D. 自信果断的人

5. 能够帮助玲玲提高工作效率的方法的是（　　）。

   A. 独揽所有的工作

   B. 废除规章制度，使自己的工作不受限制

   C. 根据时间管理矩阵制订每天的计划

   D. 工作时间拒绝接听任何电话

二、案例分析

> 　　小昊是某矿业公司的一位维修钳工，手艺高，责任心强，人缘好。某个周一，分管人事的李副矿长来电话，说车间李主任重病住院，要他暂时代理车间主任，行使权力。还特别关注正在抢修的一台装载机，说这台装载机对公司目前的一项工作非常重要。他答应周四中午前一定修好交用。
>
> 　　周三，他一大早就去突击抢修那台装载机去了。时间紧，任务重，他不放心，跟着夜班工人干到晚上九点多，再三叮嘱夜班班长抓紧工作，才回家休息。
>
> 　　周四早上，他发现矿上又有 4 辆自卸式载重卡车送来待修，而原先的那台装载机还未修好。他要求大家群策群力，尽快完成任务。工人们纷纷表态要努力干活，如期修好这批车辆。
>
> 　　小昊略感松了一口气，就上备品库去检查库存是否足以应付这批抢修任务，如果不够，要提前做好准备。这时一个大学同学来电话，通知他参加春节的同学聚会。和同学聊了一会，露天采掘队就来电话，说他们的一台主力设备——32 吨自卸卡车抛锚在现场，要求派人去抢修。人手不够，他背起工具箱，去现场抢修了。回到车间，已经快中午了。他发现车间里乱糟糟一片：四辆待修自卸车中有三辆在停工待料，忙问这是怎么回事，工人们说李主任以前定下的规矩，备件要主任签过字才能领取。这时，矿上又有两台故障车送到待修。他刚办完接车手续，李副矿长又来电话要装载机了，听说还没修好，李副矿长很不高兴，埋怨活抓得不紧，并强调这会给矿上带来很大的损失。刚放下李副矿长的电话，公司常务副经理又打来电话，让他马上去总部出席紧急干部会议。对于现在的工作，他觉得真的很累。

83

根据以上案例，回答以下各题。

1. 小昊要想在繁重的工作中理出头绪，作出合理的时间安排和计划，他可以运用（　　）来确定任务的优先级。

    A. 时间管理矩阵　　　　　　　　　　B. 头脑风暴法

    C. 思维导图法　　　　　　　　　　　D. SWOT 分析法

2. 根据工作优先级划分，他首先应该考虑（　　）的任务。

    A. 重要但不紧迫　　　　　　　　　　B. 重要而且紧迫

    C. 不重要也不紧迫　　　　　　　　　D. 不重要但紧迫

3. 根据工作优先级划分，优先级 C 的任务特点是（　　）。

    A. 重要但不紧迫　　　　　　　　　　B. 重要而且紧迫

C. 不重要也不紧迫   D. 不重要但紧迫

4. 根据工作优先级划分，（   ）不属于优先级 A 的任务。

    A. 32 吨自卸卡车在现场抛锚，需要抢修

    B. 李副矿长嘱咐抢修一台急用的装载机

    C. 上备品库检查库存情况

    D. 去总部出席紧急干部会议

5. 根据工作优先级划分，接大学同学的电话属于（   ）的工作。

    A. 优先级 A   B. 优先级 B

    C. 优先级 C   D. 优先级 D

扫描二维码，查看参考答案。

84

第Ⅲ单元　沟　通　基　础

工作中是否会有一些让你发愁的事情，比如：

○　关于这个新产品的设计，我需要征求一下其他部门的意见，我是该给
　　他们发邮件呢，还是召开个会议？

○　我要怎样做，才能让与会人员把个人偏见放到一边，达成一致的意见？

○　我有一个关于客户服务的设想，我怎样才能说服经理让我去做呢？

○　人事部收到我的建议已经一个星期了，到底有什么看法？怎么一点回
　　应也没有？

○　昨天的工作报告怎么没有达到预想的效果呢？

　　……

这些关于沟通的问题，或许会让你绞尽脑汁，冥思苦想。每个人都想掌握
与他人沟通的技能——它可以使你处于一个主导性的位置：达到自己的目标，
影响他人的决策。但是随心所欲、顺其自然的沟通未必就能让你得到称心如意
的结果。你需要有计划、有技巧地进行沟通，这才是有效的途径。

学习本单元的目的就是帮助你掌握一些实用的沟通技巧，开创一个良好的
沟通局面。当然，沟通是一门实用的学问，也是一门实践的学问，你需要结合
自己的实际经验，对比书中的新思路、新方法，找到改进沟通方法的途径。

沟通基础

7. 沟通概述
- 沟通的五要素 —— 沟通的五个要素
- 沟通中的优质信息 —— 优质信息的特点
- 信息技术与沟通 —— 信息技术所提供的沟通形式及特点

8. 口头语言沟通
- 口头语言沟通的五要素 —— ★口头语言沟通的方式
- 口头语言沟通的障碍和技巧 —— ★沟通技巧的四个方面

9. 书面语言沟通
- 书面语言沟通的五要素 —— 书面语言沟通的方式方法
- 结构和版式 —— 商业沟通文件的特点

10. 非语言沟通
- 身体语言沟通 —— 非语言及身体语言沟通的分类
- 副语言沟通 —— 副语言沟通的概念及特点
- 道具沟通 —— 道具沟通的概念
- 道具沟通 —— 办公室设计

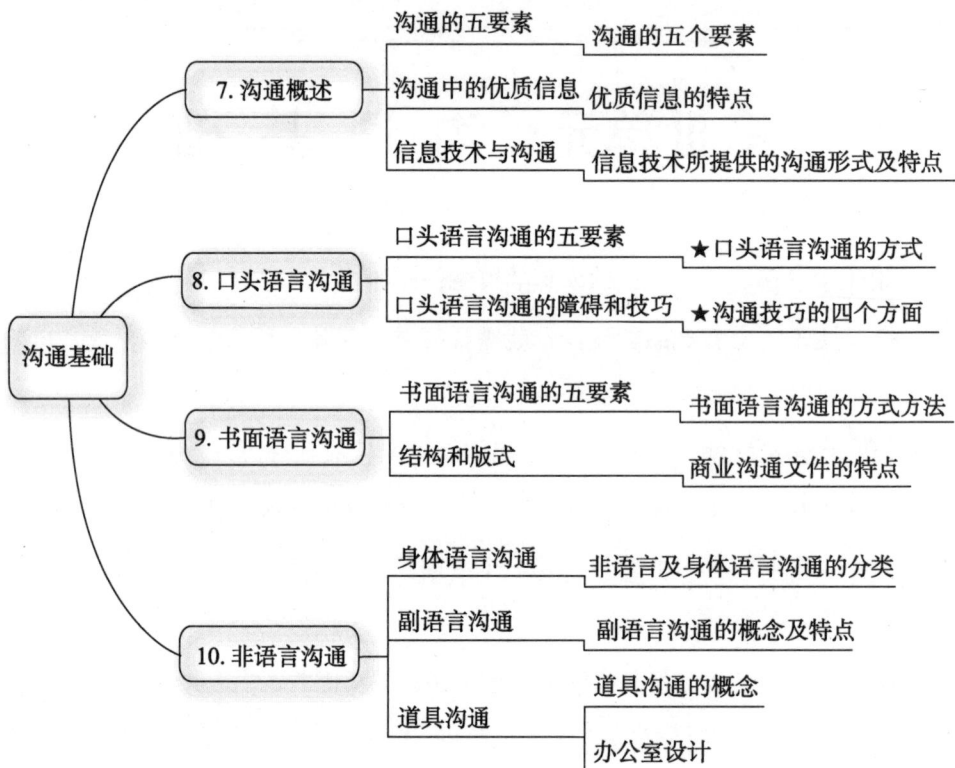

★代表本部分是案例重点考核内容。

扫描二维码，学习本单元概况。

第7章 沟通概述

学习目标

1. 了解现代信息技术在沟通中的应用；

2. 掌握高质量信息的概念；

3. 重点掌握沟通时需要考虑的五要素。

学习指南

无论是在家里还是在工作场所，人们常常会打电话或者发电子邮件来与他人联系。对于沟通方法，人们通常会按照惯例行事，而不会有意识地进行选择。在沟通过程中大家应该思考这样的问题：是否能够采取更有效的方式进行沟通，比如：如何获得优质信息、时间安排是否恰当、应该采用何种沟通方式等。

本章通过对沟通过程的深入分析，详细讨论这方面的内容。通过学习，你能够掌握沟通的方法，并了解一些现代信息技术在沟通中的应用，以便提高你的沟通能力。

关键术语

沟通　沟通的五要素　优质信息获取　信息技术与沟通

7.1 沟通的五要素

在与他人共享信息和思路之前，有五个要素是必须考虑的：

○ 目的意图；沟通对象；信息内容；方式方法；时间安排。

训练与练习　最近的沟通

指导：

思考在你的工作中，最近三次与同事或上级进行的沟通，并写下来。

_____

_____

_____

问题：

○　重新思考，如果从沟通的五要素考虑，是否能取得更好的效果？

○　如果重新做这三件事，你将如何加以改进？

总结：

你可以根据"沟通的五要素"思考、核查你在沟通中的表现，主动将这些方法运用到你的实践中。

7.1.1　沟通的目的意图

在沟通中首先需要考虑的就是沟通的目的是什么。不同的沟通目的决定了不同的沟通内容。沟通的目的通常包括下面几项：

○　获取信息；

○　发送信息；

○　获得反馈和意见；

○　说服他人执行某件事；

○　对决策施加影响；

○　向某人咨询；

○　其他作用（比如培训和训练）。

人们在进行沟通和交流时经常希望达到多种目的，但是必须清楚的是自己希望达到的最主要目的是什么。

7.1.2　沟通对象

对于沟通对象来说，需要考虑两方面的问题：

1. 谁是你的沟通对象

比如，是应该向所有的上级经理呈交报告，还是只向自己的主管经理呈交报告即可；是需要给部门内所有成员发电子邮件，还是仅给与信息直接相关的人员发送就可以了；应当邀请哪些人参加会议等。

2. 沟通对象对沟通的影响

一旦确定了沟通对象，就可以从他们的立足点出发进行沟通，使自己发出的信息更为有效。要做到这点需要明确以下几类问题：

○　他们掌握多少背景知识——确定传达信息的深度和广度；

○　他们对同类任务的熟悉程度——确定是否需要解释涉及的专业术语；

○　他们的沟通习惯——确定最合适的沟通方式。

7.1.3　沟通的信息内容

在与对象沟通时，必须考虑沟通过程应该包括哪些内容。如果沟通的主要意图和沟通对象的需求已经明确，那么就可以直截了当地提出信息的主要内容，以及关于这些信息的进一步说明。

7.1.4　沟通的方式方法

在生活或者工作中，我们通常按照惯例来做事，很少思考和分析所使用的方式方法是否恰当。比如，遵循惯例，每两周就要开一次部门例会；再比如，人们似乎总是习惯通过网络交换信息，而不习惯使用电话来交流意见。其实这两种做法不一定适用于所有情况，应该根据实际需要有所变通。

步骤与方法　沟通的方式方法

从信息的载体和渠道来看，沟通的方式方法主要包括以下几种：

1. 口头语言沟通

为了共享思想和见解，口头联系是最简单有效的方法。由于是面对面交流，可以实时交换意见并得到反馈，使双方的交流更加充分，所要表达的信息更为丰富。

2. 书面语言沟通

书面语言沟通一般适用于需要保留记录或是有大量信息需要传送的情况。使用书面形式进行沟通能特意为接收信息者留出一定时间，以便其对内容加以思考，考虑如何做出反应。目前，在某些组织内，电子邮件已经大量地替代了信件、传真和电话。

3. 非语言沟通

非语言沟通是指不运用语言文字的形式来传递信息，而是通过某些特定的媒介来进行沟通。比如我们的眼神、表情，甚至是一些语音、语调上的变化，都可以作为沟通的方式。

非语言沟通往往比语言沟通方式更加真实与直接，它也可以作为口头语言沟通的一种辅助，在沟通中它们通常同时使用。

表 7-1 列出了几种沟通方式的优劣比较。

表 7-1　几种沟通方式的优劣比较

沟通方式	优　　点	缺　　点
口头语言沟通	思想共享，及时获得反馈，进行充分交流	不利于传达详细的信息；有时浪费时间
书面语言沟通	正式，方便，可传递复杂信息；可以提供永久记录	反馈慢；不利于评议、讨论，进行充分的意见交流
非语言沟通	真实，表达的内容更加有效；及时获得反馈	不利于传达详细的信息

此外，这些沟通方式还有他们各自的特定形式。相关内容介绍可参见第 8、9、10 章。

7.1.5　沟通的时间安排

在安排沟通与交流的时间时，需要考虑以下各项因素：

○　你需要在什么时候达到目的；

○　参与沟通的人是否需要花费时间做准备；

○　自己在沟通中的任务以及其他人的任务分别是什么；

○　别人在什么时间方便；

○　其他可能出现的事件，比如重大变化。

在实际操作时，其中的某些步骤可以统一考虑和安排。最重要的是在一开始就要有明确的目的，其他的步骤可以有所变动。下面的案例与讨论可以帮你理解工作中沟通的重要性。

案例与讨论　欧文经理的一次沟通

　　欧文是管理学的硕士毕业生，担任了某大型企业的制造部门经理。他一上任就对制造部门进改造。一段时间后，欧文发现生产现场的数据很难及时反馈上来，于是决定从生产报表上开始改造。借鉴跨国公司的生产报表，欧文设计了一份非常完美的生产报表，从报表中可以看出生产中的任何一个细节。

　　每天早上，所有的生产数据都会及时地放在欧文的桌子上。欧文很高兴，认为他拿到了生产的第一手数据。没过几天，出现了一次大的质量事故，但报表上根本没有反映出来，欧文调查后才发现，报表的数据都是随意填写上去的。为此，他多次发消息强调应如实填报，但并无太大效果。

　　欧文认为应该举行一个面对面的会议，这样大家就能够充分地交流意见、沟通，而且可以直观准确地把上级主管的想法告诉全体人员，解决数据反馈问题，进而进行下一步的部门改造工作。他给所有成员发送了电子邮件，电子邮件的主题是：部门会议——改善数据反馈不及时的问题。并要求有关人员在两天内安排好会议，这是能做到的最快安排。

　　问题：

　　欧文经理与部门成员沟通的最主要目的是什么？什么决定了沟通的信息内容？欧文决定在沟通中使用哪些方式与手段，为什么？决定沟通时间安排的因素有哪些？

总结：

沟通必须有明确的目的，这是使沟通有效的基础，在沟通之前就需要首先确定目的。沟通目的可能不止一个，但需要确定最主要的目的是什么，并根据目的的不同来思考沟通的对象和沟通的方式方法。

分析和思考你的沟通对象，必须根据不同的沟通对象确定相应的沟通方式与沟通内容。

沟通中最关键的部分是传递的信息内容，它主要是由沟通目的和沟通对象决定的。

沟通究竟应该采用什么方法与手段取决于沟通的目的和对象，可以对比各种手段的优缺点，选择最有助于获得良好效果的沟通方法和手段。

沟通的时间安排取决于沟通的目的、对象、信息和方法。有了问题就应该立刻解决，延误沟通时机将不利于问题的解决。

7.2　沟通中的优质信息

信息是组织的生命线，我们需要利用它安排事务、作出决策，并从中吸取经验教训，增长知识。在这个信息爆炸的时代，我们被大量的信息所淹没，很容易采用错误的方式获取和传送信息。所以，管理者应当学会提取"优质"信息，学会在庞杂的信息库中提取自己所需要的信息，并学会向他人提供其所需要的信息。

7.2.1　优质信息

优质信息一般具有以下特点：

1. 正确的内容

○ 符合需求者的意图（例如，某种具体产品的销售额，而非总销售额）；

○ 准确实际（例如，消费者实际状况的概括，而不是我们想象消费者可能是这么想）；

○ 经过检验（例如，以财务账面记录为依据的销售数字，而不是想当然的"销售额已上升"）。

2. 正确的形式

○ 繁简适度（例如，把款项数字变换为以千为单位）；

○ 格式恰当（例如，选用表格、条形图，或者进行简单描述）。

3. 恰当的时间

○ 信息提供及时（例如，在做出决策以前及时提供信息以供决策者参考）。

4. 正确的人员

○ 相关人员的参与（例如，派出专职会计参与预算讨论）。

5. 适度的费用

○ 获取信息的费用必须与其需求相适应（例如，为了制作产品宣传册，投入三个专门小组效果会更好，但由于目前经费所限只能投入两个小组）。

7.2.2 获取和提供优质信息

如果能将 7.2.1 中介绍的"优质信息的五要素"牢记在心，那么，如何获取有用信息的问题就迎刃而解了。

首先必须准确无误地确定收集信息的目的，然后确定以下内容：

○ 需要哪些信息；

○ 以何种形式提供；

○ 何时提供；

○ 时间期限；

○ 提供给谁（提供给自己，还是提供给部门内哪些成员）；

○ 费用额度。

了解了如何获取优质信息之后，还需要判断所得到的信息是否符合优质信息的特点。下面的训练和练习帮助你思考和评价什么是优质信息。

训练与练习　评价优质信息

问题：

在表 7-2 的第一栏列出三项最近获得的信息，并评价该信息是否属于优质信息。

表 7-2　对信息的评价

信息	内容是否正确	形式是否正确	时间是否正确	人员是否适合	费用是否适度
1.					
2.					
3.					

总结：

收集信息时考虑得越周到，就越有可能获得所需要的信息，即使提供的信息在某些方面并不完全适合，经过处理或加工后仍然有益。

下面的训练与练习帮助你思考在提供信息的时候，如何确保信息的优质。

训练与练习　提供优质信息

问题：

设想你需要提供给别人一些信息，逐项回答表 7-3 所列出的问题，使其构成优质信息。

表 7-3　优质信息的构成

信息：	
正确的内容 ○　需要何种信息 ○　信息的用途	
正确的形式 ○　何种发送形式最有效果	
正确的时间 ○　什么时间发送最好	
适合的人员 ○　由谁接收信息	
适度的费用 ○　要使该信息准备妥当，花费多长时间 　　和费用比较合适	

总结：

传送信息时同样需要确保信息的质量，表 7-3 可以帮助你思考构成优质信息的各方面因素，在为别人提供信息的时候参考上面的思考结果，使自己传达出最优质的信息。

7.3　信息技术与沟通

信息技术深刻地影响着组织成员沟通的方式，它为员工提供了更多加强合作和共享信息的机会，使组织内的员工能够方便地随时联系。总的来说，目前对沟通产生重要影响的信息技术有：计算机网络技术和无线通信技术。本节将介绍这些技术在沟通中的一些应用。

7.3.1　计算机网络技术与沟通

现代信息技术使组织的成员能够很方便地进行沟通，得到所需信息。它所提供的沟通形式也是多种多样的。

1. 电子邮件（E-mail）

电子邮件在沟通中的应用非常广泛。因为它传递信息速度快、成本低，而且能同时向多人发送同一信息，并让接收者在方便的时候阅读。对团队成员来说，它是一种快捷、便利的实现信息共享和沟通的方式。

2. 即时信息（Instant Messaging，IM）沟通

如果信息比较简短，而且需要充分地交流和迅速回复，那么即时信息沟通可能是一种比电子邮件更合适的方式。它能在使用者之间实现实时的互动沟通。目前，这种即时沟通方式已经大量地进入到工作场所，例如 QQ、微信、Skype 等 IM 软件已经得到了广泛应用。这些即时信息沟通工具不仅可以进行文字的沟通，还可以实现图像、视频等的交流。

3. 数字传真（Digital-Fax）

传真也是一种非常便捷的信息沟通工具。随着科技的进步，它从过去的模拟传输变成了先进的数字传输，使包含文字和图表信息的文件得以便捷传递，从而使信息能够方便而迅速地在有关成员中传阅。

4. 视频会议（Video Conferencing）

视频会议使会议地点不必局限在同一个场所，它是通过电子软件在不同的区域让参加会议的成员实现工作的协同和信息共享。疫情期间的远程办公、学习运用了多种视频软件，如 ZOOM、腾讯会议、钉钉等。

5. 互联网（Internet）

互联网又可细化为内部和外部互联网：内部互联网（Intranet）是指在组织内部建立的沟通网络，只有组织成员和其他经过允许的成员才能登录，这是一种员工分享信息和实现不同地点的资料交换和项目合作的重要手段；而外部互联网（Extranet）则方便了与组织外部的顾客、供应商等进行沟通，微博、朋友圈、空间、贴吧、论坛等国内主流的互联网社交平台都可以成为沟通途径。

还有一些其他的网络技术，例如使用音频邮件（Voice-mail）系统对声音信息进行数字化处理后，能够将它们通过网络传递；电子数据交换（Electronic Data Interchange，EDI）使组织之间可以方便地交换标准化的商务交易文件，如发票、订货单等。

7.3.2 无线通信技术与沟通

计算机网络系统要求组织及组织中的成员必须通过有线装置才能实现沟通。但是无线通信技术则不需要任何实体连接，它是借助微波信号、通信卫星等传递信息的。移动电话、笔记本电脑以及其他便携式通信设备的发展，使组织成员拥有了沟通的全新方式，

越来越多的成员开始运用这些技术实现工作沟通和信息共享。

下面的训练与练习要求你结合本章所学内容，做好工作中的沟通规划。

训练与练习 沟通的五要素

指导：

假设你将要遇到的一个沟通实例，请按照表 7-4 所列要点，确定实施每个沟通的五要素。

表 7-4 沟通的关键要点

目的意图	接受对象	方式方法	信息内容	时间安排

问题：

这个沟通实例中你准备选用哪种沟通方式？为什么选择这些方式？仔细思考，然后将它们填入表 7-5 中。

表 7-5 沟通方式的选择

选择的沟通方式	
原因	

总结：

本训练与练习帮助你复习了沟通中的"五要素"，使你对沟通的各种形式及其优缺点有了更加深刻的了解。

本章小结

进行有效沟通，首先你需要利用沟通的五要素，并掌握如何获取和提供优质信息。在此基础上，你还需要掌握对沟通产生重要影响的信息技术，如计算机网络技术、无线通信技术等。

思考与练习

1. 沟通过程有哪几个关键要点？
2. 什么是优质信息？获得优质信息需要考虑哪些方面的问题？
3. 信息技术所提供的沟通形式及特点有哪些？

第8章 口头语言沟通

学习目标

1. 了解口头语言沟通的五要素；
2. 掌握口头语言沟通的方式方法；
3. 重点掌握如何运用沟通技巧，排除沟通障碍。

学习指南

口头语言沟通是我们在工作中经常运用的一种沟通方式。在运用的过程中，你可能会遇到一些障碍，导致沟通效果不是很理想。本章将对口头语言沟通过程中常见的一些障碍进行分析，并详细讨论排除这些障碍的技巧。通过学习，你能够掌握一些口头语言沟通的方法和技巧。

关键术语

口头语言　　口头语言沟通方式　　口头语言沟通障碍　　口头语言沟通技巧

8.1　口头语言沟通的五要素

在7.1中我们学习了沟通的五要素，本章我们将结合口头语言沟通来进行进一步说明。

1. 目的意图

目的意图是沟通的基础。需要注意的是，由于口头语言沟通大多用于非正式情况，在沟通之前可能也没有做好非常充分的准备，所以"说了这个忘了那个"现象在口头语言沟通中会经常出现。因此，在沟通之前你需要对自己的沟通目的有一个非常清晰的思路。

2. 沟通对象

你需要对你的沟通对象有一个相应的了解——比如他的职责范围、性格等。因为沟通对象的不同将直接影响沟通的形式和沟通的效果。

3. 信息内容

在口头语言沟通中，你要善于捕捉他人传达的信息，同样你也要准确无误地传达你的信息，因为口头语言沟通并不像书面沟通那样，给你留出比较充足的思考时间。

4. 方式方法

口头语言沟通也有一些常用的方式方法，下面的训练和练习将会帮助你思考口头语言沟通的方式。

训练与练习　口头语言沟通的方式

问题：

口头语言沟通有哪些方法？

这些方法有哪些问题？

总结：

各个方法的优缺点可以参考表 8-1。

表 8-1　口头语言沟通的方式和优缺点

口头语言沟通方式	优　　点	缺　　点
一对一	可发现单独的问题； 了解他人	不利于信息共享
语音通话	即时回应（如果对方有准备）； 可及时沟通	不能得到全部反馈； 如果人们正在忙于其他事务，会使人分心
小组讨论	讨论团队问题和不同意见	不适于讨论涉及个人的问题
讲话/简短指示	命令性强； 传播范围广	不能获得充分的反馈（听众较少时还勉强可以）

5. 时间安排

沟通的目的、对象、方式等都会对口头语言沟通的时间安排产生影响，同样，时间安排也会影响沟通的质量和效果，所以要慎重安排好沟通的时间。

8.2　口头语言沟通的障碍和技巧

进行书面沟通时，所包含的信息往往是一些条理清楚的具体事实，所以这些信息可以很好地得到共享。但是，口头语言沟通中的一些意见和想法往往并不那么直接，它们需要通过讨论来达成共识。在这个过程中常常伴随着参与人员之间的争论和辩论，因此会产生一些沟通的障碍。

下面，我们首先考察在口头语言沟通过程中会遇到的一些障碍。

8.2.1 沟通障碍

中国古代有一个耳语游戏，生动地说明了一条信息在从一个人传给另一个人的过程中，非常容易走样和失真。由于听不清楚而造成失真，只不过是口头语言沟通中所遇到的障碍之一，还有其他各种各样的障碍，例如：

- ○ 沟通双方表达不准确；
- ○ 言辞不当；
- ○ 姿态、表情、声调不当；
- ○ 方法不当。

训练与练习　查找沟通障碍

指导：

列出一次最近参与的口头语言沟通事项(并不一定是由自己发起的)，回顾事件过程，找出哪些障碍妨碍了沟通？有什么对策可以消除这些障碍？

表 8-2　沟通中的障碍分析

沟通事项	障　碍	消除障碍的对策

总结：

首先要查找障碍所在，从沟通的下述三个环节可以查找到障碍所在：

1. 发送者
- ○ 所发送的信息不清楚；
- ○ 缺乏规划：例如，目的含糊、意图不清、对象不明、方法不当、时间安排不妥、未能将消息发送到位等；
- ○ 需要通过表情或姿态表示其含义时，采用的方式方法并不能把它们充分表达出来。

2. 传送过程
- ○ 方法本身的限制——例如一般通电话时看不到对方面部表情；
- ○ 环境干扰——例如噪音或其他突然发生的事件。

3. 接收者
- ○ 由于心胸狭窄或者偏见，听不进去；
- ○ 理解力低下，听不懂；
- ○ 由于疲劳、困倦、身体不适或精神分散不能专注于信息的内容。

在日常工作的沟通中，只要你意识到这些障碍的存在，就离克服障碍不远了。努力辨明哪些障碍是由自己造成的，将它们消除之后，然后观察沟通效果有没有得到改善。

8.2.2　沟通技巧

在进行口头语言沟通时应该尽可能使用各种沟通技巧，并做到以下几点：

○　善于与交往者建立友善良好的关系；

○　善于聆听，从而理解他人的观点；

○　善于提出问题，以期获得更广泛的了解；

○　善于把自己的观点传达给对方。

下面，我们详细讨论这四个方面的技巧。

步骤与方法　沟通的技巧

1. 建立友善良好的关系

建立友善良好的关系可以帮助人们轻松愉快地相处，找到共同的爱好、兴趣，无拘无束地相互交谈。如何与新同事建立良好的关系呢？下面给出一些建议。

○　坦言自己的一些私事，例如：

　　"对不起，我刚从健身房回来，所以说话上气儿不接下气儿。"

○　关心其处境——比如打电话时，先说：

　　"对不起，你现在通话方便吗？"

○　寻找工作中共同的兴趣和意向，例如：

　　"看来我们都很喜欢校园民谣！"

　　"我很想深入地了解它，你呢？"

2. 善于聆听

很多人认为，听人说话很容易——自己往那里一坐，听着别人说就行了。其实，绝对不是这么简单。真正的聆听需要全神贯注，辨明谈话者的观点。也许自己并不同意对方的观点，但是必须理解其依据是什么，找出彼此的共同之处以及差别所在。

○　防止注意力分散（消除干扰）；

○　看着对方（但不要死盯着）；

○　排除杂念，专心致志听对方讲述；

○　尝试着用对方的观点进行思考；

○　偶尔简单地概括对方所讲述的内容（核对一下是否与自己概括的一致）；

○　适时提出问题，以便弄清疑惑之处；

○ 如果对方正在思考，静静等待。

3. 善于提问

提问的方式有很多种，可以根据想了解的内容，从中选择合适的方式。

○ 运用开放式提问鼓励对方发言。这类问题并不能用"是"或"否"给以简单的回答，通常是在讨论刚开始时提出这类问题，例如：

"你觉得情况如何？"

"为什么会出现这种情况？"

○ 运用封闭式提问找出特定的信息。这类问题可以直接用"是"或"否"回答，通常是在讨论进行到后期时提出，例如：

"这周末你有时间加班吗？"

"9:30 正式开会，怎么样？"

○ 避免提出误导性问题而直接引向自己想得到的答案。因为这类问题很容易误导某些人，他们本来并不同意，可是一时又找不到强有力的反驳论据，于是只好随声附和说"同意"，例如：

"你真的同意，是吧？"

"如果你觉得我们偏离正题，请直言不讳。那么，是这样吗？"

○ 运用假设式提问征得更多意见、信息、观点、见解和看法，比如使用"倘若、如果"，例如：

"假如把讨论的范围缩小到 4 种品牌，结果会如何呢？"

"如果我们非要等到小张的报告交上来之后再做决定，结果会如何呢？"

4. 让对方接受自己的观点

每个人都有自己的立场，因此，要让别人接受自己的观点，那就需要掌握一些方法和技巧。

○ 使观点合乎逻辑；

○ 使讲述的内容（或方式）与对方（听众或读者）密切相关。

以上介绍了沟通的一些技巧。通过下面的案例与讨论，你可以对它有进一步的了解。

案例与讨论　本田的烦恼

本田宗一郎被誉为 20 世纪最杰出的管理者。在他的管理经历中，有一件事让他终生难忘。有一次，来自美国的技术骨干罗伯特来找本田，当时本田正在自己的办公室休息。罗伯特高兴地把花费了一年心血设计出来的新车型拿来给本田看："总经理您看，这个车型太棒了，上市后绝对会受到消费者的青睐！"

　　罗伯特看了看本田，话还没说完就收起了图纸。此时正在闭目养神的本田觉得不对劲，急忙抬起头叫罗伯特，可是罗伯特头也不回地走出了总经理办公室。

　　第二天，本田为了弄清事情原委亲自邀请罗伯特喝茶。罗伯特见到本田后第一句话就是："尊敬的总经理阁下，我已经买了返回美国的机票，谢谢您这两年对我的照顾。""啊？这是为什么？"罗伯特看着本田的满脸真诚，便放慢语速坦言相告："我离开您的原因是由于您自始至终没有听我讲话。就在我拿出我的设计时，我提到这个车型的设计很棒，而且还提到车型的上市前景。我以它为荣，但是您当时却没有任何反应，而且还低着头闭着眼睛在休息，我于是就改变主意了"！

　　罗伯特未与本田公司签署任何有关知识产权合作的协议。后来，罗伯特拿着自己的设计到了福特汽车公司，福特公司决定投产这种新车型。福特公司的新车上市给本田公司带来了不小的冲击。

　　问题：

　　这个案例说明了什么？

　　总结：

　　口头语言沟通方式的方法包括一对一、电话、小组和讲话、简短指示。在此案例中，罗伯特和本田采取了一对一沟通的方法。

　　沟通技巧的四个方面包括：（1）建立友善良好的关系；（2）善于聆听；（3）善于提问；（4）善于把自己的观点传达给对方。如果本田能够善于聆听，这次沟通的效果会不同。

101

　　上面讨论了口头语言沟通的一些技巧。下面的评测与评估将通过几个问题评估你是否已经掌握了这些技巧。

评测与评估　沟通技巧

　　指导：

　　运用表 8-3 回顾一下你自己的沟通技巧，针对每一对说法，给自己评一个等级。

表 8-3　沟通技巧的测试

建立联系	我倾向于单刀直入地讨论正题	1 2 3 4 5	我让大家心情放松，逐渐切入话题
善于聆听	当我听取他人发言时，很容易抓住其讲话要点	1 2 3 4 5	当听取他人发言时，我时常考虑随后将说些什么
适时提问	我的问题直指我所需要的信息	1 2 3 4 5	我通常不愿意直接要求人们说出我所需要的信息
让对方接受自己的观点	我经常整理自己的思路，使其合乎逻辑	1 2 3 4 5	我讲话比较随意，有时不着边际

总结：

如果你在某个问题上选择的≥3，与他人沟通时就需要在此方面做出相应改进。你可以参照前面给出的要点提示，另外也可以找善于运用这些技巧的人，请他传授一些经验，或者观察他在工作中是如何运用这些技巧的。如果实在找不到什么"典型人物"，你还可以通过看电视剧或电影，思考剧中人是如何成功沟通的。

本章小结

口头语言的沟通是进行流畅的沟通交流的最主要的沟通方式。本章对口头语言沟通过程中常见的一些障碍进行了分析，并详细讨论了排除这些障碍的技巧。

思考与练习

1. 口头语言沟通的方式有哪些？分别有什么优缺点？
2. 交流和沟通的过程中经常会遇到哪些方面的问题和障碍？
3. 口头语言沟通中有哪些技巧可以帮助克服障碍？

第 9 章 书面语言沟通

学习目标

1. 了解书面语言沟通的五要素；
2. 重点掌握文档结构和版式方面需要注意的问题；
3. 重点掌握撰写文档时需要注意的事项、规范和技巧。

学习指南

就达成共识的效果而言，书面沟通的方式和会议沟通的方式各有优势。虽然书面沟通不能马上从接收者那里获得反馈，难以把声调和姿态传达给对方，但这种沟通方式也有其不可替代的优势，比如：采用书面形式沟通时，每条意见都有记录可查；下笔之前有时间进行充分考虑；文档的接收者在回应之前有充分的思考时间等。

本章将介绍书面语言沟通的一些方式方法和指导原则。更具体的内容可以参考应用文写作的相关书籍。

关键术语

书面沟通 文件结构与版式 商业文件 写作注意事项

9.1 书面语言沟通的五要素

在 7.1 中介绍的沟通的五要素，对于书面语言的沟通同样具有指导作用。在详细讨论各个关键因素之前，我们先回顾一下这五个关键点：

目的意图；沟通对象；方式方法；信息内容；时间安排。

1. 目的意图

这里的目的意图是指用书面形式进行沟通时，期望别人在阅读文档时如何响应、响应哪些方面。目的可以是一个，也可以有多个，这些目的构成了在书面沟通中所要书写的内容的基础。

2. 沟通对象

首先必须保证所写的文档能送到恰当的接收人员手中。如果使用电子邮件，要注意控制发送副本的数量，以免别人的电子邮箱过分拥塞。

因为期待对方对所接收的文档做出回应，所以在发出的信息中可以根据自己的目的阐述想法和观点，并就此提出问题，这样双方就可以进行充分的交流。如果文件太长（例如建议书或者报告书等）的话，最好要带有相对"结论性"的内容。因为在书面语言沟通的情况下，一般不会有直接的反馈，所以自己必须事先想到别人可能会提出的问题，并在文档中给予回答。

下面是我们递送一份书面材料时应当考虑的几个方面：

步骤与方法　递送书面材料时应当考虑的内容

○　递送给哪些人；
○　是否需要复制若干副本给其他人；
○　他们对这个议题是否事先有所了解；
○　他们心中会存在何种疑问；
○　他们会提出何种反驳论点及论据。

3. 方式方法

书面语言沟通的方式一般有电子邮件、信函、传真、便函、布告栏、建议书、报告书、图形图像等。这些形式各有优缺点，适用于不同的场合，在决定采用之前需要注意区分每种方式的特点。

延伸与拓展　书面语与口语

书面语是在口语的基础上形成并发展起来的，先有口语，后有书面语；书面语与口语相互影响，书面语的成分不断进入口语，从而使口语向着规范的方向发展，口语成分也不断被吸收进书面语，从而使书面语不断丰富生动；书面语受到口语的制约，它虽然有自己的特点要形成自己的风格，但是要同口语保持一定的距离。书面语和口语是两种不同形式的语言变体，口语是语言存在的最基本形式。从语言的起源和发展来看，口语是第一位的，书面语源于口语，是第二位的。

书面语是用文字的形式来传递人们的思想、观点等信息。它要求句子结构完整、严谨、工整，符合语法规则和行文要求，在恰当传递信息的基础上产生一定的修辞效果。

——黄伯荣，廖序东. 现代汉语[M]. 北京：高教出版社，1997.

步骤与方法　书面语言沟通的方式方法

表 9-1　书面语言沟通几种方式的比较

方式方法	适　　　于	不太适于
电子邮件	简短消息、快速反应	把多种消息放到一起
函　件	保存正式记录	快速回答
传　真	图形图像；不具备电子格式的文档；直接送到接收者的桌面上	小的彩色打印件；能表现细节的图形
便　函	提供意见、参考；备忘	正式场合；表达详细复杂的信息
布告栏	很容易与在场的人沟通	分散的班组和团队
建议书	提出一项带有论点的提案	需要当面交谈的内容
报告书	总结一些信息和观点	非正式的交流内容
图形图像	传达思想（文件形式或者 PowerPoint 文件）；使大量的信息便于接受	电子邮件——过大的附件会降低网络上传、下载速度

在选择书面沟通要采用的具体方式时，需考虑以下问题：

○　该消息是否适合用这种方式传递；

○　该消息的接收对象是哪些人。

4. 信息内容

在书面沟通中，保证信息正确无误是至关重要的。例如，对于一份正式的报告来说，一旦送出就没有补救的机会；而利用电子邮件或函件则还可以适当进行商讨。但无论采用哪种形式，都需要将信息表达清楚，这样才容易与对方达成共识。所以，在筹划文件时应该考虑全面。

步骤与方法　筹划文件时应当考虑的内容

○　传达的信息是什么；

○　还有哪些信息需要加入其中；

○　需要提出哪些论点、思想、建议；

○　如何组织这份文件；

○　是否需要回应？

5. 时间安排

发送信息通常受很多事件的制约。例如，如果是紧急事务，则要求越快回应越好；如果事务不紧急，就需要考虑何时发给收件人最合适，在一天中的哪个时间或一周中的星期几。一般情况下，最不理想的时间是选择星期五下午快下班的时候发送信息。

思考在什么时间发送信息时，应该考虑：

○ 需要在什么时间得到回应；

○ 对于接收者来说，什么时间最合适。

上面总结了书面沟通时应该考虑的五要素，你需要通过下面的训练与练习巩固自己所学习的内容。

训练与练习　书面语言沟通

问题：

设想一个需要用书面语言方式与别人沟通的信息，并从"书面语言沟通的五要素"的角度思考相应的细节问题。

表 9-2　书面语言沟通中的关键要点

目的何在	沟通对象是谁	什么方法	什么内容	如何安排时间

总结：

如果是一个简短的电子邮件，可以在头脑中依据五要素思考这个书面沟通的过程；如果是一个较长的文档，你就需要花些时间把关于书面沟通五要素的想法写下来。

9.2　结构和版式

如果文件有一个清晰的结构，就会增强接收者对内容的理解，并使接收者更容易采取你所希望的行动。所有的商务文件一般都有以下三个要点：

○ 主题——文件关于什么内容

即电子邮件、传真、函件、建议书或报告书的标题，如：最新预算、2020 年市场研究报告等。

○ 目标——文件希望达到什么目的

主题和目标通常是合在一起的，如：最新预算——7 月销售额要求；2020 年市场研究报告——有关几项新技术的总结。

如果目标没有包括在标题之中，就需要在文件中予以介绍。如果是较短的文件，可以在开头用一句话加以解释；如果是建议书或者报告书这样内容比较多的文件，则要在第一段中对目标加以解释和说明。

○　要求采取的行动——希望接收者做什么

如果想要接收者采取行动，必须明确提出。如果是电子邮件，可以在标题里进行说明，如：最新预算——对一月份销售额的要求。在电子邮件中，也可以强调你的要求，如：请在星期五之前务必给出结论；对于报告书或建议书来说，在引言的段落中或者随文件附加的电子邮件中应将目标和要求以及预期会采取的行动全部包括在内，例如：本建议书陈述了我对于班次轮换问题的设想，请你于星期五出席部门会议，请事先准备好你对该设想的意见，并欢迎提出更多的建议。

从以上的示例可以看出，有多种多样的方式能够把上述三个要素组合到一起，最重要的就是在一开始就要把这三个要素都向接收者讲清楚。你可以通过下面的训练与练习思考书面文件必须考虑到的三个要素。

训练与练习　书面文件的要素

问题：

利用表 9-3 回顾你最近写的三个文件（最好能使用三种不同形式的文件）。

表 9-3　书面文件的要素

文件	主题是否明确	目标是否明确	要求采取的行动是否明确
1			
2			
3			

总结：

在所有的书面文件中，都应把这三个要点交待清楚。这样，读到文件的人就会对你的意图以及要求他们采取的行动有准确的理解。

下面，我们将分别介绍简短文件、较长文件的写作要点和写作中的一些注意事项。

9.2.1　简短文件和较长文件

电子邮件、函件、传真、便函等都属于简短文件，所以在写作时必须把自己的思路和信息组织好，以便接收者在阅读后能够迅速理解其中的意思。除了上面讲的"主题、目标、行动"三个要点之外，书写简短文件时还需要注意以下几点：

○　尽量维持单一主题

如果想与同一个人讨论不同问题，不妨以多个文件的形式编写；

○ 信息要明确，逻辑要清晰

要明确自己所编写文件的内容，按照逻辑顺序讲清信息、想法和要求；

○ 注意开头和结尾

文件开头和结尾的方式都是多种多样的，可以灵活运用，但是务必注意对方的习惯。

以上介绍了简短文件的一些书写要求。通过下面的案例与讨论，你可以对它有进一步的了解。

案例与讨论　订单确认通知

订单确认通知

吴女士：

　　贵单位于 2020 年 4 月 17 日向我公司订购型号为 XT00231 的办公桌椅 80 套，现正在配货发送。该订单编号为 D0708020029，货款共计人民币两万一千七百元整。若确认无误，请于 2020 年 4 月 30 日前将货款汇至我公司账户，公司名称为北京某某办公设备有限公司，开户银行为中国农业银行大运路支行，账号为 9669****1426。如若逾期，按合同规定将收取 8% 的滞纳金。

　　如有问题，请及时与我联系。联系电话：010-95****68 转 254。

　　谢谢合作！

北京某某办公设备有限公司财务部　马某

2020 年 4 月 24 日

问题：

阅读上面的通知，判断一下它是否符合简短文件的几个标准？

总结：

文件虽然简短，但是也需要把信息和要求表达清楚。上面这份通知形式的信函有非常明确的主题、目标和行动要求，其他几个标准也基本符合。

建议书和报告书通常都比较长，在编排思路和信息时会有一些难度。下面给出一些提示：

○ 在书写报告书和建议书时，应按照一定的逻辑顺序组织内容。如果是更为复杂的文档，则应分成几节来书写，并分别加上小标题；

○ 在陈述不太复杂的信息和想法时，比如报告停车设施不足等问题，可依照下列三个小标题撰写：

①问题；②几个解决方案；③初步建议。

○ 通常的建议书可以这样写：首先描述现存的问题，然后提出几种改进和解决方案加以比较和评价，最后依照个人的考虑，推荐一种方案；

○ 有些报告书非常复杂，其中包含大量的信息，且相互关联，比如一项研究报告，这时就要采用更为综合和细致的章节划分：
①简介；②概要；③方法；④效果；⑤讨论；⑥结论和初步建议；⑦附录。

○ 如果报告书很长，就要考虑提供一页纸左右的概要。有些信息只需部分人员认真阅读，就可以写入附录之中。例如详细的数据和结果，或者部分人员需了解的背景知识。此外，还应当有目录；

○ 对于篇幅较长、内容较复杂的文件，人们总会根据自己的习惯将它们加以组织和整理。本书 1.2.2 中介绍的"思维导图"可以帮助你整理思路、处理复杂信息，使你能够更好地构思思路。

步骤与方法　构思思路图的方法

○ 把主体和目标安排在中间；

○ 把准备写入报告的所有思路写在周围边缘处——在靠近中间的位置写上标题；

○ 把有关的事项写成一组；

○ 补上遗漏的标题；

○ 按照逻辑顺序给各个标题注明编号；

○ 核查思路图是否达到预期目标。

你可以通过下面的训练与练习熟悉如何构思思路图。

训练与练习　长篇文件的思路图

问题：

根据实际情况，灵活运用所学方法，安排信息与结构，写一份长篇文件，并着重思考文件的主要标题。

总结：

这些标题构成了一个框架，可以把要写的内容一一安排到框架中。动手撰写之前，可能还有一些信息或论点需要补充。要强调的是，补充的信息一定要符合优质信息的标准（参考第 7 章的内容）。

9.2.2　商业写作中的注意事项

商业写作的文体和风格在不断地演进。在电子邮件之类的非正式文字往来中，也可以经常使用"OK"之类的口语（注意不应夹杂俚语、俗语、黑话和脏话）。

虽然在写作文体和格调方面没有太严格的要求，但这并不意味着随便怎么写都可以。恰恰相反，当整个世界充斥着各种往来传递的文档、网站、电子邮件时，自己所写的文档是否容易被人接受就显得至关重要了。无论是一份简短快捷的电子邮件，还是一篇内容复杂的报告书，只要遵守几条简单的规则，就可以增进作者与收件人之间的沟通与相互理解。

商业文件不同于普通信函，不能随意改正或补充，必须清楚明了、准确无误。商业文件也不同于文学写作，它需要紧扣事实，不需要大量的背景描述；同时它必须叙述简明、条理清晰。商业文件也不同于私人通信，它不包含私人情谊，在表达方式上应该直截了当、开门见山。

总的来说，商业文件必须做到：

○ 清楚明了、准确无误；

○ 叙述简明、条理清晰；

○ 直截了当、开门见山。

文件写完之后，需要从头再阅读一遍，修改错误，然后才能发出。虽然现在许多文字处理软件为书写提供了方便，可是也很容易出错。如果时间充裕，写完后可先放置一边，去干其他的事，经过一段时间间隔后，再做最后的校对，这样可以消除一些习惯性的错误，以一种全新的心态去发现问题。

训练与练习　规划、撰写并审核文件

问题：

请规划、撰写并审核一个文件（可以使用你手头正在起草的文件）。

1. 规划

运用"沟通的五要素"，在表9-4中填写若干要点。

表9-4　沟通五要素

目的意图	接受对象	方式方法	信息内容	时间安排

2. 结构和版式

（1）确定文件中的主要思想和标题。如果是内容很多的文件，则有必要画出思路图；

（2）确定文件的版式。

表 9-5　文件的思想和标题

思想和标题：

3. 撰写

按上述计划撰写。

4. 审核

（1）你的文件是否：

○　准确地写出你要讲的内容；

○　没有缺漏必要内容；

○　给出了优质信息；

○　运用了与目的相适应的语言；

○　没有受情绪的影响。

你也可以请经理或者某一位同事审核一下你的文件。

（2）寻求改善

列出改进文件写作的三项措施：

总结：

通过撰写一个实际的文件来练习计划与写作。在写作过程中有必要使用通俗简洁的语言，使你的文件能够被大多数人理解。

本章小结

除上一章所学习到的口头语言沟通外，你也可以利用沟通的五要素进行书面语言沟通，本章带你了解的是书面语言沟通中需掌握的技巧和应注意的问题，以及商业文件写作的结构及版式。

思考与练习

1. 书面语言沟通有哪几种形式？

2. 商业文件一般的特点是什么？

第 10 章　非语言沟通

学习目标

1. 了解非语言沟通的分类；
2. 了解身体语言沟通的形式；
3. 掌握副语言沟通；
4. 重点掌握道具沟通；
5. 重点掌握办公室设计的含义。

学习指南

你或许可以从别人一个不经意的眼神、语速的变化，或者是特定场合的氛围中获取一定的信息，这样的沟通都是非语言的。非语言沟通在我们的沟通中占有很大的比例，所以，理解它是如何发挥作用的，对于如何更好地利用非语言沟通方式进行沟通将非常有帮助。

本章将介绍非语言沟通的几种类型，包括身体语言沟通、副语言沟通和道具沟通。

关键术语

身体语言沟通　副语言沟通　道具沟通　办公室设计

非语言沟通是通过非语言、非文字的形式来传递信息的，它主要包括身体语言沟通形式、副语言沟通形式和道具沟通形式（或者说是物体操纵沟通形式）三种。通过表 10-1，你可以对这几种形式有一个初步的了解和认识。

表 10-1　非语言沟通的分类

分　类	说　明	举　例
身体语言沟通	通过身体运动或特定姿态来沟通	目光、表情、手势、姿势、身体间的空间距离、衣着打扮等
副语言沟通	通过声音传递信息	重音、声调、停顿、语速等
道具沟通	通过对物体的操纵进行沟通	物体的运用、环境布置等

10.1 身体语言沟通

身体语言通常简称体语，指非词语性的身体符号。包括肢体语言、面部表情、姿态语言和其他一些着装、化妆等。在与人交流沟通时，即使不说话，我们也可以凭借对方的身体语言来获取一些信息，对方也同样可以通过身体语言了解到我们的真实想法。人们可以在语言上伪装自己，但身体语言却经常会"出卖"他们。因此，更好地掌握和运用身体语言沟通方式可以帮助我们获取或者传达更为真实有效的信息。

身体语言沟通的内容很丰富。大致来说，我们可以将它分为表 10-2 中的几个类型：

表 10-2 身体语言沟通的分类

分　类	示　例
肢体语言	手部、头部、肩部、腿部等的动作
面部表情	眨眼、撇嘴、皱眉、微笑等
姿态语言	坐姿、站姿、行姿等
其　他	空间距离、着装、饰物、化妆等

下面，我们介绍一些常见的身体语言沟通形式。

1. 肢体语言

○ 头部的语言信息

头部集中了所有的表情器官，所以往往是人们关注、观察身体语言的起点。头部一些细微的动作往往可以传达很多信息，例如：

（1）头部微微侧向一旁：说明对谈话有兴趣，正在集中精神听；

（2）低头：说明对谈话不感兴趣或持否定态度。在沟通过程中，"低头"这种身体语言是非常不受人欢迎的；

（3）头部向后：表示惊奇、恐惧、退让或迟疑。

○ 手部的语言信息

手所表达出的语言信息也非常丰富，往往是身体语言沟通的焦点。人们可能经常沉默不语，但是很少能见到手部完全僵直不动的情景。下面是一些手部语言的例子：

（1）手指轻轻抚摸下巴：正在思考或者做决定；

（2）双手忙个不停（没事找事做）：沟通过程中，如果一边和别人说话，一边双手忙个不停，那么很可能正在表达一种无言的拒绝；

（3）用手拍拍前额：通常表示健忘；如果用力一拍，则可能是自我谴责，后悔不已。

○ 肩部的语言信息

在沟通中你可能不是很注意肩部的肢体语言。肩部所表达的语言含意虽然不多，但如果在商务交往中完全不在意它，也会给对方带来"意外的伤害"。下面是一些肩部语言的例子：

（1）肩部舒展：说明有决心和责任感。沟通中，这种肩部姿态无疑是对方非常希望看到的；

（2）肩部耷拉：说明心情沉重，感到压抑；

（3）肩部耸起：说明处在惊恐或愤怒之中。

训练与练习　思考沟通中的肢体语言

问题：

两个人为一组，两组互相观察。被观察组以公司文化为内容进行交流。观察组记录被观察组交流、沟通与思考中的肢体语言，并归纳出动作及分析动作含义，进行比较，看看不同的人肢体语言是否有所差异。

表 10-3　沟通中的肢体语言

	动　　作	动作含义	异　　同
被观察人 1			
被观察人 2			

总结：

在沟通中如果能多注意这些肢体语言，往往会得到更多真实的信息。

2. 面部表情

○ 眼部的语言信息

眼睛是心灵的窗户。人们常常用身体各部位的动作来表达丰富的感情，其中眼睛是最重要的，有时甚至可以成为主要的信息来源。在沟通中，除了要把握眼神的注视范围外，还要注意眼神注视的角度和方法：

（1）眼神发虚或者东张西望，会让对方产生一种不踏实的感觉；

（2）眼睛死死地盯视一个人，特别是盯视他的眼睛，不管有意无意，都是一种不礼貌的表现，会令对方感到不舒服。虽然在某些特定场合它可以作为心理战的招数使用，但在正常场合贸然使用的话，很容易造成误会，让对方有受到侮辱甚至挑衅的感觉；

（3）斜视表示轻蔑，仰视表示尊重或思索，正视表示庄重，这些都需要根据场合的不同恰当地把握。

○　嘴部的语言信息

在沟通中，嘴部即使不发出声音，也同样可以表达丰富的信息，例如：

（1）嘴唇半开或全开表示疑问、奇怪、惊讶，如果嘴巴全开就表示惊骇；

（2）嘴唇撅着表示生气、不满意。这种表情在沟通中会被认为是不尊重对方的表现；

（3）嘴唇紧绷表示愤怒、对抗或者是决心已定。

○　微笑

微笑是最常见的面部表情。在沟通中，它既能向对方表达自己充满善意，传达出愉悦、欢迎、友好、欣赏或者是请求、领悟等信息，也可以表示道歉、拒绝、否定等含义，对有声语言沟通可以起到很好的强化作用。

3. 姿态语言

不同的姿态会传达出不一样的信息。我们来看下面的一些例子：

○　坐姿的语言信息

（1）手脚伸开懒洋洋地坐在椅子上：说明相当自信并且有些自傲，不把对方放在眼里；

（2）坐在椅子边上：说明不自信，还有几分胆怯，有随时"站起来"和中断话题的准备。所以，除非你想表达自己的谦卑，否则如果出现这种身体语言必然会被对方轻视，不利于进一步沟通；

（3）使劲挨着桌子坐：说明对话题很感兴趣，也表现出几分不拘小节。

○　站姿的语言信息

（1）站立时背部对着对方，斜靠在其他物体上，双手平端或抱在胸前，把一只手插进衣袋等，这些都是不重视对方的表现；

（2）边说话边晃动脑袋容易给人嚣张、轻浮的感觉；

（3）站立时双腿频繁地换来换去，或用脚在地上不停地画弧线，会给人以浮躁不安、极不耐烦的感觉。

○　走姿的语言信息

（1）走路时肚子腆起，身体后仰会给人一种傲慢的感觉；

（2）脚步拖泥带水，蹭着地走，耷拉眼皮或低着头：给人一种不自信、不情愿的感觉。

4. 其他的身体语言

○　空间距离

人们在沟通或交流时，彼此间总会保持一定的距离。由于彼此之间的关系不同，所以沟通时保持的距离也并不一样。通常我们认为会有四种距离圈（如图 10-1 所示）：

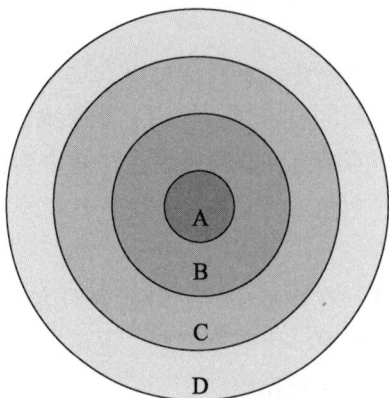

图 10-1　四种距离圈

A 距离圈为亲密距离（0～0.5 米）：这是亲人、夫妻之间的距离。在此距离上双方均可感受到对方的气味、呼吸、体温等感觉刺激；

B 距离圈为个人距离（0.5～1.25 米）：是朋友之间交往的距离。此时，人们说话温柔，接受大量身体语言信息；

C 距离圈为社交距离（1.25～3.5 米）：是彼此认识的人们的交往距离，许多商业交往多发生在这个距离上；

D 距离圈为公众距离（3.5～7.5 米）：是正式场合、演讲或其他公共事物中的人际距离，此时沟通往往是单向的。

○　服饰的语言信息

（1）人们会因为场合的不同而变换着装，根据不同的场合穿着正式的（无尾礼服）、半正式的（外套和领带）、休闲的（运动衫）或者是非正式的（短衣和 T 恤）服装。有些职位需要穿制服，这样会减少人们对状况和角色的疑虑，减少沟通中的不确定性；

（2）此外还有一些装饰或者化妆等等，都可以以非语言的方式为我们传递信息。

学习完上面的内容后，你也许仍然不太确定身体语言沟通形式在沟通中的作用。下面的案例将会帮助你进行进一步了解。

延伸与拓展　　中西方肢体语言的运用和比较

在中国，伸出食指表示指明方向。假如有一位缺乏方向感或迷路的人向你问路，你可以使用食指指向那个目的地的方向。双手食指的指尖对碰则表示"委屈"。在现在网络语言中，人们在网上用有这种手势的图案来表达自己思想感情。在美国，向上伸出食指用于让对方稍等；而在法国，学生若想要回答老师提出的问题，便向上伸出食指，老师才会让其回答问题。

——刘伟. 肢体语言[M]. 北京：中国时代经济出版社，2007.

在大部分西方国家中，向上伸出食指表示"我第一"，这手势来源于"在获胜之时，运动员用此姿势证实自己刚刚取得的胜利。"食指勾结在外国可代表"友谊长存"，"我们是朋友"，通常使用这简单的仪式来约定彼此的承诺和盟约。同样可表示"友谊"的是食指前伸，互相摩擦。在肢体语言中，食指一般用以表示"自我"。由此可知，以某种方式并拢食指可以表示友谊，朋友俩各伸一食指，亦可一人伸两食指互相摩擦，意为增添友好摩擦的情谊。但在中国，人们使用小姆指指勾结的方式来限制和约束彼此许下的约定，这种方式俗称"拉勾勾"。

——戴斯蒙德·莫里斯. 身体语言[M]. 上海：上海三联书店，2003.

案例与讨论　工作中的身体语言沟通

新上任的经理助理小赵刚上班，电话铃就响了。为了节约时间，她边接电话边整理文件。这时，员工老李过来找小赵商量事情。他看见小赵正忙着，就站在一旁等她，并对她点了点头。可是小赵的电话一个接着一个，她一直没顾上跟老李说话。最后，小赵终于接完了电话。当老李刚要说话时，小赵又突然想到了什么，跟旁边的小吴小声交代了几句。老李终于忍无可忍，一生气便拂袖而去。

问题：

1. 这个沟通案例中主要问题出现在谁的身上？
2. 如果你是小赵，你将如何改进你的非语言沟通？

总结：

身体语言的沟通有时比语言沟通来的更有效。案例中的小赵在无暇说话的时候，如果能给老李一个抱歉的微笑，或者是请他稍等一下的手势，可能都不会致使老李的愤怒离去。

10.2　副语言沟通

副语言沟通是通过非词语的声音来实现的，它在沟通过程中起着十分重要的作用。副语言沟通一般是指说话的语音、语调、语气，以及哭、笑、停顿等，比如语音的低沉、稳健、激昂、高亢，语调的高低，语气的轻重，节奏的快慢等。它们和语言一起表达信息的真正含义，而且可以使字面相同的一句话具有完全不同的含义。

副语言沟通可以表现出一个人的情绪状况和态度，影响人们对信息的理解以及交流双方的相互评价。副语言沟通包括说话速率、说话音调、说话音量和补白等声音特点。当这些因素中任何一个或全部被加到词语中时，往往能使其意义产生一些变化。

○ 速率

人们说话的速率会对信息的接收质量产生影响。正常沟通时，人们的速率通常在每分钟 90～120 个字，讲演、广播、小组讨论会的发言速率在每分钟 120～180 个字，当讲演者情绪激动或小组讨论会热烈争辩时，每分钟可达 180～220 个字，有时甚至高达 250 个字。不同的速率可以传达给对方不同的情绪信息，如果说得太快，说话的清晰度可能会受到影响。

○ 音调

音调指声音的高低起伏变化，它可以决定一种声音听起来是否悦耳。如果说话者使用较高的和富有变化的音调，并能够抑扬顿挫，往往可以给人以自信、坚定的感觉，更能引起听众的注意；如果声音低的人进行演说，可能会被人认为是没有把握。

○ 音量

信息的含义会受到音量的影响，即说话的响亮程度。如果合乎说话者的目的，而且注意使用的场合，那么声音响亮是美妙的，柔和的声音也有同样的效果。

○ 声音补白

声音补白是在搜寻要用的词时，用于填充句子或做掩饰的声音。像"嗯、啊、呀"这样的词语，都是表明暂时停顿或者搜寻正确词语的非语言方式。沟通中我们都会使用声音补白，但是如果不停地使用，或当它们开始分散听众注意力时，就可能会产生问题。

以上是副语言沟通中的一些因素。沟通中我们通过了解这些因素而得到一些信息，例如当你听到两个人说话的语速又快又急，语音又高又尖，但节奏间隔清晰，那基本上可以说明他们是在吵架；再比如说声音不一定很尖，但声音很重，强度很大，速度也偏慢，就可以说明此人在发怒……所以，副语言沟通是语言沟通的一种辅助。学会使用这些方法，可以帮助你传达更准确的信息。

10.3 道具沟通

道具沟通也叫物体操纵，是指人们借助于操纵物体或者布置环境来传递一定的信息，一般包括环境的布局设计、环境的颜色搭配和环境中物体的陈设。在这一节中，我们以办公室为例来了解道具沟通。

1. 办公室设计

办公室的设计主要有两种方式：传统式设计和开放式设计。传统式的办公室设计强调彼此之间有固定的间隔设施，各个办公区域之间有明显的界线和独立的空间，高层和普通员工之间会有一定的办公距离；而开放式的办公室设计没有严密隔墙，它用各种帘、屏风或者花木来充当屏障，空间是开放及共用的。一般来说，开放式的办公室可以更加方便人们相互间的交流和沟通。

2. 办公室颜色搭配

颜色具有很强的感染力和吸引力，可以直接影响人们沟通时的心理和活动。当它以不同的形象、位置、面积出现时，所传达的信息是不同的。例如，红色通常传达给人激动、热情的信息；橙色、黄色通常传达给人温暖、轻快的信息；蓝、青色则有镇静的作用，易在心理上产生镇静、肃穆的感觉，但大面积使用会给人以荒凉感。

3. 办公室陈设

办公室的陈设通常也会使沟通的情绪受到一定影响。有三个基本因素对人际交往的类型起着决定性的作用：摆放位置、陈设间的距离和装饰物的数量。图 10-2 是一些常见的办公室陈设方式（图中长方形代表办公桌，圆圈代表沟通双方）：

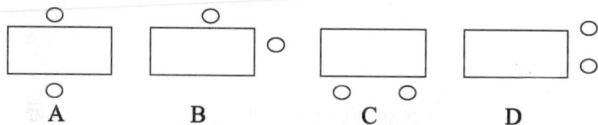

图 10-2　常见办公室陈设方式

- ○ 图 10-2（A）是比较常见的办公室陈设方式。沟通双方之间有着明显的界限和间隔，一方占有绝对的优势和主动权，控制着整个沟通的局面，而另外一方缺少自主性。在强调权力、强调秩序和纪律的沟通情境下，比较适合采用这样的陈设方式；

- ○ 图 10-2（B）中沟通双方较为接近，在这种情形下沟通双方会有更多的互动关系，但是仍由一方掌握主动权；

- ○ 图 10-2（C）的陈设方式使沟通双方完全去除了障碍，将沟通双方置于相同的地位，使彼此之间的关系更为密切；

- ○ 图 10-2（D）中的陈设方式则显得更加随意，它可以是办公室中随意摆放的两张座椅，或者是沙发，甚至人们可以这样随意站立。这种情况下双方的沟通和交流也会更加平等和友善。如果不看重等级与权力，而且注重于鼓励充分交流，可以选择这样的陈设方式。

本章小结

掌握非语言沟通的形式及其分类，它在日常工作交流中起到非常重要的作用。本章教会你如何传递和获取非语言沟通中包含的信息，并将其运用到工作学习中。

思考与练习

1. 非语言沟通可以分为哪几类？
2. 副语言沟通特点有哪些？
3. 什么是道具沟通？它涉及哪些方面？
4. 办公室陈设中影响沟通情绪的三个基本因素分别是什么？

实践与实训

指导：

综合本书的内容，通过文件和会议两种渠道与他人沟通，并从沟通对象处获得反馈。（会议沟通主要会在下一单元详细介绍，现在主要复习文件沟通，会议沟通作为预习，学习下一单元后再重新做一遍）

1. 确认一项真正的议题，以文件和会议两种方式与他人沟通。（会议不一定非要是面对面的方式，也可以是电话、电视或者网络会议）。例如，你想要：

○ 总结一下团队与客户交往的信息，从中找出经验，推荐一些更为有效的办法；

○ 提出改进行政事务的程序；

○ 向上级经理提出一项建议；

○ 进行其他有关事务。

那么，就要：

○ 首先发出书面信息，通知有关人员，然后在会上讨论；

○ 举行一次会议收集意见、看法、观点和见解，随后，写出你的结论和建议。

2. 规划和完成书面材料和召开会议。也可以与上级经理讨论你的规划并征求意见。设法实现本单元前面两章所学习的改进会议和书面交流的三种方式。

3. 复习书面沟通的练习内容：

关于书面材料 ——核查一下所写文件的可读性。

4. 最后，列举出你将要进行的三项改进措施，使你的沟通更为有效。

（1）_____

（2）_____

（3）_____

总结：

我们希望本单元的内容能够帮助你了解和掌握与他人沟通交流的各种技巧，并且希望你在今后的工作中灵活运用这些技巧，改善你与同事在工作中的沟通效果。

单 元 测 试

一、单选题

1. 王经理要求宣传部给出每个月的公关总额，但收到的数据总是缺少几个关键活动的额度，他不得不亲自去相关部门询问。宣传部传递的信息不符合优质信息特点中的（　　）。

　　A. 正确的形式　　　B. 适度的费用　　　C. 合适的人员　　　D. 正确的内容

2. 小李这天听见王总在会议室里打电话的声音很大而且语气不好，她猜想王总在发怒，传达此信息的沟通方式是（　　）。

　　A. 需求沟通　　　B. 双向沟通　　　C. 副语言沟通　　　D. 书面沟通

3. 销售部上个月没有完成指标，丽丽必须找出其中的原因。她最主要的沟通对象应该是（　　）。

　　A. 上级领导　　　B. 部门成员　　　C. 股东　　　D. 供应商

4. 随着科技的发展，团队召开会议的方式也变得多种多样。小青所在的公司员工经常使用电子邮件、微信和腾讯会议等方式进行会议交流，这种方式属于（　　）。

　　A. 电话会议　　　B. 网络会议　　　C. 视频会议　　　D. 面对面会议

5. 副语言沟通是通过非语言的声音来实现的,（　　）没有体现出副语言沟通的运用。

　　A. 程程说话声音很轻　　　　　　　　B. 小惠说起话来抑扬顿挫，富有节奏

　　C. 小赵在情绪激动时，就会加快说话速度　　D. 小胡喜欢低着头和人交流

二、案例分析

　　网络部李经理找到人力资源部的宇总，要求对网络部陈浩工资调整幅度一事重新加以考虑。李经理拿出陈浩一年的工作业绩评估表："宇总，是否可以重新考虑一下我们部门陈浩的加薪问题。她去年的工作干得十分出色，可是她加薪的幅度却低于公司的平均加薪幅度。"宇总对李经理解释道："考虑她的薪水在同级别的人已属高薪了，所以这次年度加薪才没有同意你们网络部提出的要求，而是低于了公司的平均水平。"
李经理："陈浩的工作大家有目共睹，肯定是高于公司的平均水平，理应提高她的加薪幅度。工资的基数问题，这是公司当时同她讲好的呀，不能把这带入加薪幅度的问题

中来，这不符合公司的薪资制度……"李经理很清楚公司的制度，明白员工的权利，认为人力资源部的决定已经侵犯了自己下属的权利，自己有责任为下属争取。

根据以上案例，回答以下各题。

1. 李经理和宇总的沟通方式属于（　　　）。

    A. 书面语言沟通　　　　　　　　　　B. 口头语言沟通

    C. 身体语言沟通　　　　　　　　　　D. 副语言沟通

2. 李经理和宇总沟通的方式中，具体的方法是（　　　）。

    A. 电话　　　　　　　　　　　　　　B. 小组讨论

    C. 一对一　　　　　　　　　　　　　D. 讲话/简短指示

3. 李经理和宇总沟通时采取的具体方法的缺点是（　　　）。

    A. 如果人们在忙于其他事务，会使人分心　　B. 不利于信息的共享

    C. 不适于讨论涉及个人的问题　　　　D. 不能获得充分的反馈

4. 李经理和宇总沟通时采取的具体方法的优点是（　　　）。

    A. 讨论团队问题和征求不同意见　　　B. 可发现单独的问题

    C. 命令性强　　　　　　　　　　　　D. 传播面广

5. 李经理在与宇总进行沟通时，不可采用的沟通技巧是（　　　）。

    A. 让对方接受自己的观点　　　　　　B. 建立友善良好的关系

    C. 善于聆听　　　　　　　　　　　　D. 把自己的观点强加给对方

扫描二维码，查看参考答案。

123

第IV单元　工　作　沟　通

　　大多数的时间里你总在和人打交道：你需要解决各种各样的问题，需要在纷纭复杂、纠缠交错的琐事中厘清头绪，需要凭借三寸不烂之舌争取客户，需要倚仗两排伶牙俐齿获得项目……可能很多时候你觉得自己已经竭尽全力，但结果却总是不尽人意：

○　你辛辛苦苦策划了一个会议，希望大家能够热烈地讨论。可是大家的反响却没有那么积极，而且在会议过程中总是偏离议题，迟迟达不成共识。参加会议的人觉得开会就是在浪费时间。你的努力换来的只不过是失望和沮丧；

○　你连夜赶出了一个工作报告，可是在第二天的报告会上大家觉得索然无味，丝毫不感兴趣，还有些人哈欠连连。即使你使出浑身解数，口沫横飞，气喘吁吁，你面对的，可能还是冷淡的面孔和迷茫的眼神；

○　你要与客户进行谈判并争取达成协议，尽管你设想了种种可能和应对的办法，无奈掌握主动权的始终是对方，自己陷入了动弹不得的被动地位。谈判的结果让人非常失望，而自己对此却束手无策……

　　要想获得成功，把工作沟通能力磨炼得锋利无比着实重要。要想达到这个目的，你需要有充分的准备、十足的信心、准确的论据、雄辩的说服能力和高度灵活的技巧。本单元将为你介绍几种常用的工作沟通方式，帮助你了解更多工作沟通的技巧。

```
                                        会议沟通的五要素

                                                         会议各个阶段的协调
                      11. 会议沟通      会议控制
                                                         解决会议困难局面的方法

                                        会后工作


                                        工作报告概述      工作报告的三种形式

    工作沟通            12. 工作报告      抓住听众的心理    抓住听众心理的方法

                                        撰写工作报告      准备工作报告内容


                                        谈判概述          ★谈判的不同结果

                                        谈判的基础工作

                      13. 工作谈判                        ★控制谈判进程的技巧
                                        谈判的技巧
                                                          谈判中的沟通技巧

                                        谈判冲突处理      处理谈判中的困难局面
```

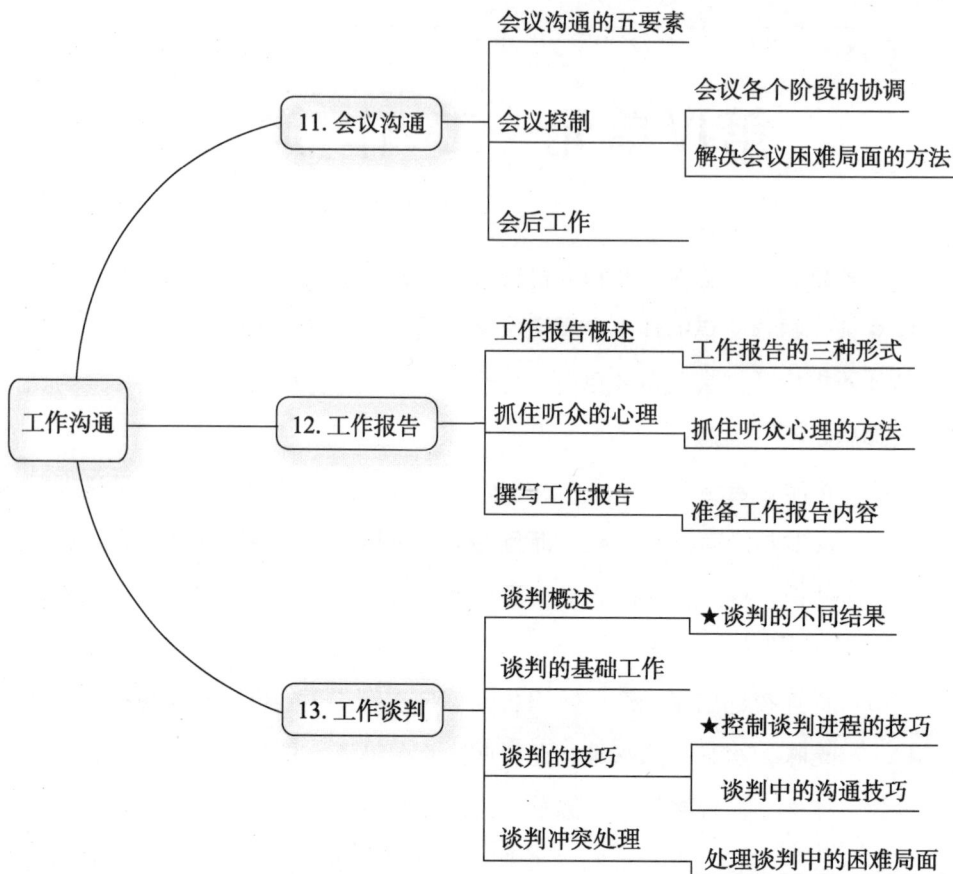

★代表本部分是案例重点考核内容。

扫描二维码，学习本单元概况。

第 11 章　会 议 沟 通

学习目标

1. 了解会议沟通的五要素；
2. 掌握会议各阶段的协调方法；
3. 重点掌握解决困难局面的方法。

学习指南

召开会议是员工就具体问题达成共识的最好机会。但遗憾的是，这种机会经常由于各种原因而导致进程迟缓、议题不清、引发争吵等诸多情况的发生，从而使会议效果大打折扣。

很多组织现在召开会议时已经不仅仅采用面对面的形式了，而是以电话、电视或互联网络加以补充和替代。要想使与会者利用这类新型的会议形式达成共识，遇到的挑战和困难将会更大。本章将给出一些用于准备会议、主持会议、协调会议等工作的指导方法。

关键术语

会议沟通的五要素　　会议控制　　解决会议困难局面　　会后工作

11.1　会议沟通的五要素

在 7.1 中提到了沟通的五要素（目的意图；沟通对象；信息内容；方式方法；时间安排），它们对学习会议沟通仍然非常有效。

1. 目的意图

与其他的交流方式一样，召开会议前首先要明确目的。某些临时召开的会议往往目的很单纯，只是解决某一特定的问题；而那些定期的会议（比如部门例会），则通常包含多个意图和目的，例如，听取活动进展的报告、发布关于近期变化的信息、激励团队的干劲、研究新问题和确立新的发展方向等。

在确定会议目的时，大家也许会发现有些问题根本没有必要通过会议来解决，运用其他的方式反而更好，比如可以通过电子邮件直接将最新信息和大家共享。但是当大家都认为有必要进行讨论和交流时，就有召开会议的必要。如果仅仅因为"我们每周五都有一次例行会议"，所以到了周五就非开不可，那么，弊端就会出现。所以应该认真考虑一下，是否真的需要开这次会，如果有更简便的交流方式，就可以不开会。

2. 沟通对象

如果会议所涉及的问题只需要部分人的意见，那么只让这些人参加会议就可以了，但是不要忘记，要让所有相关人员都能看到会议记录。有时一些人不必全程都参加会议，例如某些会议可能邀请部门以外的人员参加，最好把与他们有关的事务安排在会议开始阶段，当这些事务完成讨论时，他们就可以退席。

在会前，与会人员可能需要了解某些背景知识和信息，主办方应及时提供，以便参会人员准备会议发言和建议。

3. 信息内容

会前将会议的全部议程发给每位与会人员的做法有很多好处，例如，有助于明确会议目的、提高会议效率等。如果会议还准备了一些背景材料，也可以随议程表一同分发。

128

其中会议议程包含许多必须考虑的要素。

4. 方式方法

会议主要有下面所列举的四种方式（可以参考 7.3 "信息技术与沟通"的相关内容）：

○　面对面会议：与会人员当面讨论问题；

○　电话会议：利用远程通信设备，与会人员可以异地同时参加会议；

○　电视会议：身处异地的与会人员在约定的时间通过音像设施，实时观察和听取对方谈话，相互沟通；

○　网络会议：通过互联网或者内部网在一段时间内进行交互讨论。与会者通过书面信息（比如电子邮件、论坛、讨论组、社交平台、社交软件）或音视频（录制或在线直播）进行交流，人人都可以看到别人的发言。主持人需要协调各方意见以加速讨论进程。

根据会议目的和参会人员的不同可以采用不同的会议方式。表 11-1 可以帮助你进行选择。

如果要尝试一种新的方法，首先要确保能花费一定时间进行实践。对那些还不适应这种方式的与会人员，可以事前安排时间进行培训。

表 11-1　几种不同会议方式的对比

方　式	适　于	不太适于
面对面会议	充分地交换意见和想法	由于交通不便或其他原因人员难以聚集
电话会议	快速咨询众人熟悉的主题，贯彻执行正在进展中的项目	需要长时间讨论的问题
电视会议	分散在各地的成员可以实时地进行联系，大家对设备的使用都非常熟悉	大家从来没有会过面
网络会议	分散在各地的成员对信息技术的使用都得心应手，需要长时间对问题展开广泛和深入的讨论	快速地征求意见和咨询；参会人员有可能相互间并不认识

5. 时间安排

无论选择了哪一种会议形式，都必须确定开会时间和会议期限。这取决于会议需要做多少准备工作，何时能够准备妥当。

前面分别讲了会议准备过程中需要注意的五要素，在下面的训练与练习中，你可以结合自己的工作，将这些要点重新总结一下。

训练与练习　筹备会议的关键问题

问题：

思考筹备会议中哪些地方容易出现问题？

提示：

你可以从五个要素的不同方面去分别思考以下问题：

1. 考虑会议的目的意图，筹划一个会议时，首先要问自己：
○　会议目的何在；
○　是不是非开不可；
○　有没有更好的沟通方式。

2. 考虑会议的沟通对象，当确定会议参加人员时，应该考虑：
○　需要哪些人参加会议；
○　哪些人将阶段性地参加会议；
○　哪些人需要了解会议的背景知识和信息。

3. 考虑会议的信息内容和议程，准备会议议程时应考虑：
○　议程中包括的议题和议题的先后顺序；
○　每一议题由谁负责准备，由谁负责资料及文件；

○　每个议题的预期结果；

○　每个议题预计花费的时间。

4. 考虑会议的方式方法，在选择会议具体形式时，应该优先考虑两个问题：

○　问题是否紧急：如果时间紧迫，可以考虑使用电话会议；

○　人员的召集：如果工作地点相距遥远，人员不容易在同一时间集中，可以考虑采用电话、电视或网络方式召开会议。

5. 考虑会议的时间，安排面对面会议、电话会议或电视会议需要确定：

○　对于会议目的和人员来说，何日何时开会最合适；

○　需要多长时间准备；

○　会期多长。

对于网络会议来说，可能延续几天，这取决于会议中讨论的问题。它需要确定：

○　何时开始；

○　延续多长时间。

总结：

在思考这些问题的时候，可以一边思考一边填写下面的表格，找出具体情况与计划之间的差别，思考出现问题的原因并找到解决方法，这样做可以使将来的规划更为有效。

130　（会议筹备时的要点见表 11-2）

表 11-2　会议筹备时的要点

会议五要素		是	否	如何改进会议规划
目的意图	1. 是否需要召开此次会议 2. 会议目标是否明确			
沟通对象	1. 所邀请的与会人员是否适当 2. 是否允许某些人在结束与他们有关的议程时退席 3. 是否保证与会人员在会前获知会议的背景和信息			
信息内容	1. 会议前是否提供会议议程 2. 会议中各项议程是否合乎逻辑 3. 议程中每个项目由谁负责准备，是否落实 4. 每项议程是否都要达成结果 5. 每项议程是否都安排了适当的时间			
方式方法	这种会议形式是否与会议目的相适应			
时间安排	1. 会议的日期和时间是否符合与会者的实际情况 2. 是否确定了结束日期和结束时间 3. 开始时间是否适当			

11.2 会议控制

议程就是会议的规划，它对会议中的每一个议题作出规定：谁主持会议、哪些人作报告、达到什么目的、预计的时间等。一个良好的会议议程可以保障会议顺畅进行。

11.2.1 主持会议

会议主持人的职责就是使会议能按照议程进行，并在指定时间内达到预期效果。下面我们介绍一些主持会议的方法。

步骤与方法　会议主持人的任务

- ○ 准时开会；
- ○ 介绍新的与会人员，或者先开一个见面会；
- ○ 如果可能的话，让参会人员分别承担一定的任务（比如记录员或计时员）；
- ○ 如果可能的话，查阅上次会议的记录是否包含了本次会议的要点；
- ○ 按照议程举行会议；
- ○ 介绍议程中的每个议题，说明目的以及规定的时间；
- ○ 引导、促进和协调讨论的进程；
- ○ 每个议题结束时进行小结，特别要指出大家同意的行动计划和方案；
- ○ 如果对某个问题有强烈的个人观点，最好请别人代为主持（除非自己就是打算利用会议主持人的角色影响讨论的结果）；
- ○ 如果有必要的话，商定下次会议的时间和地点；
- ○ 感谢与会人员的出席和积极支持；
- ○ 准时结束会议。

在网络会议中，除了上面介绍的几点外，还需要注意其他一些要点。

- ○ 在开场白中，介绍议程、预期的结果、会议的时间安排；
- ○ 对于不熟悉网络会议的人员给予及时的帮助；
- ○ 明确重点，不要纠缠细节；
- ○ 鼓励参与者提出自己的见解和看法，这样，就能使讨论集中到特定的议题上；
- ○ 在偏离主题时及时进行引导，委婉地提醒参与者讨论的主题；
- ○ 当某个议题碰到挑衅性评论或陷于僵局时，尽量使讨论转入正轨；
- ○ 会议结束时，对意见一致的内容加以小结，感谢大家的参与和贡献。

有些组织采取让团队成员轮流主持例会的方式，这使得每位成员都有机会主持会议，从而提高主持会议的技能和效果。下面的案例与讨论可以帮助你思考如何提高会议的效果。

案例与讨论 会议的效果

顾经理早晨九点主持召开了部门会议，介绍了部门新加入的两个职员，并指定了两个主管指导他们的工作。随后他总结了这个月部门的工作进度以及下一阶段的预计目标，最后宣读了总部最新的工作指导。

下午两点他又参加了总部的领导小组会议，会议上对各个部门最近一个季度的反馈报表进行了解读和分析，并指出了不同部门在近期工作中存在的不足，接着宣布了下一阶段公司的销售计划，最后商定了下一季度的会议时间和地点。

问题：

按照表 11-3 所列的要点回顾和检查顾经理主持和参加的会议，在成功的方面画√。

表 11-3 回顾会议的效果

事件（上）	是否	事件（下）	是否
1. 准时开会		6. 每项议程开始时作介绍，说明预期目标以及规定的时间	
2. 作必要的介绍		7. 阶段性地总结会议中达成的意见	
3. 安排好不同人员的角色		8. 协商下次会议的时间和地点	
4. 检查上次的会议记录		9. 感谢大家的参与和贡献	
5. 按照议程顺序进行		10. 准时结束会议	

总结：

会议能否高效，很大程度上取决于主持人。经常用上述要点对主持会议的情况进行总结和检查，将有助于提高自己主持会议的技能。

11.2.2 会议协调

会议协调的作用就是帮助大家在会议过程中遵守会议议程。会议主持人可以承担起会议协调的工作。这项工作很关键，它关系着全体人员在会议进行中能够按照会议议程完成各个问题的讨论。

优秀的会议主持人可以最大限度地保证会议议程圆满实现。他们有很多技巧能保证讨论达到预期的结果，能够处理讨论中可能出现的跑题、冷场或者独霸会场等情况。

步骤与方法 会议各个阶段的协调

表 11-4 中列出了会议各个阶段会议协调的具体任务和方法。

表 11-4 会议各个阶段的协调

	阶　段	说明与示例
1	开始启动	如果大家互相不认识，应先作一个简单的介绍
2	解释促进协调的作用	为全体与会人员服务，不是包揽会议
3	协商问题和希望得到的结果	重新陈述议程中的内容
4	确定一套协调的方法	展开正题、扩大纵深、激发思路、活跃气氛、分类归纳、作出决定、一致通过
5	协助全组讨论问题并提供推进讨论的办法	通过提问、邀请发言等形式鼓励大家发表意见
6	协助全组作出决定	组织大家对意见进行分析、整理、归纳
7	简要总结达成一致的内容	重申结论以确认

此外，会议协调的过程中可能还需要运用一些方法来引发和推动讨论，例如机智的提问、启发性的点题、适时提出质疑等，以激发和拓展与会者的思路。表 11-5 中的指导方法有助于促进议题的讨论，更好地协调会议的召开。

步骤与方法 促进议题讨论的方法

表 11-5 促进议题讨论的指导性方法

指导方法	说明和示例
对讨论的议题加以熟悉	对于有争议的问题，找出各方的主要论点
在讨论开始时指出目的和方向	"关于今天发生的这件事，现在想听听大家的想法。"
对讨论的内容不能带有任何的倾向性	当有人问自己有什么想法时，要反问大家："你们怎么想呢？你们的看法有举足轻重的作用。"
鼓励每个人积极参与	使用开放式提问吸引大家发言
仔细倾听每个人的发言	鼓励与会者耐心听取他人发言
要尊重沉默不语的短暂安静	也许人们正在酝酿和思考
控制会议进展以在规定的时间内达成协议	"大家已经提出了很多意见和建议，现在需要讨论这些方法的可行性。"
集中注意力，对事不对人	"剩余时间不多了，诸位还有什么建议？"
向大家提供技术手段和方法，必要时说明如何使用	使用"头脑风暴法"激发思路，比较各方面的意见
讨论中，及时概括和小结，并总结一致的观点	可以请别人替你做这些记录

学习完相关内容之后，下面的训练与练习可以帮助你思考采用什么方式来促进讨论。

训练与练习　会议协调与促进讨论

问题：

针对实际参与的会议讨论，分别写出三条协调会议各阶段及促进讨论的方法，在最重要的一条旁边标注星号，并与其他人进行交流讨论，看看大家认为最重要的地方有何不同。

	协调会议	促进讨论
1		
2		
3		

总结：

主持会议讨论技能的提高是一个长期积累的过程，需要不断地学习和实践。

11.2.3　解决困难局面

会议过程中难免会出现一些意外状况和困难局面。下面这段文字对这些局面进行总结，并提供一些解决问题的方法。

步骤与方法　解决会议困难局面的方法

1. 偏离正题

讨论时偏离正题是最常见的，尤其当与会者思维过于活跃时。偏离正题只能造成时间的浪费，其结果就是问题得不到解决，并且会延长会议时间。

解决这一问题的办法就是使讨论紧扣主题，一旦发现偏离正题的现象，就可以说："注意，请大家千万不要偏离主题。今天我们要解决的主要问题是……小赵（参加会议的人），你觉得我们应当如何着手解决？"

2. 独霸会场

有时候一些人可能在会议中做太多的发言，造成一种独霸会场的局面。这样的人往往乐于表现。他也许是一位天生的演说家，也许会有一些独到的见解，但是应该让他明白会议的目的是讨论和解决问题，而不是给他演讲的机会。

当这种情况发生时主持人需要对他的发言表示感谢，同时使讨论言归正传，例如："您的一席高论令大家茅塞顿开，现在是不是听一听更多的见解。小刘（参加会议的另一个人），您有什么想法？"如果他还滔滔不绝地发言，就需要采取更加强硬的手段，比如做手势示意他停止并及时邀请他人发言。

3. 哑场或闷会

短暂的安静场面有助于思考，可是如果这种沉默的时间太长，谁也不吱声，就必须采取措施。例如：

○ 借助会议议程表重述讨论的进程或讲明下一步的目标，例如："让我们回顾一下讨论的结果。现在我们已经找到了一个问题，但很显然，这不是仅有的问题，我们还需要思考有无其他问题。"

○ 把对全体人员的提问转向打算发表意见的某个人，例如："小郑（参会人员），你怎么想？"

4. 私下开小会

有时候参加会议的人员会私下交头接耳，主持人往往搞不清他们谈话内容是否与会议有关。可是无论如何，这样的做法都会影响会议秩序、分散大家的注意力，所以必须让他们回到中心议题和讨论之中。发生这种情况时可以问私下议论的某一个人，但是注意不要让他感到难堪，例如可以问："小孙（参会人员），你是否同意刚才小吴发表的意见？"

5. 争论

会议中也可能出现因意见不一而形成的争论。如果不及时制止，争论就会逐步升级，最终导致团队出现问题。在这种情况下，主持人必须引导争论双方把注意力集中到当前正在讨论的议题上，提醒他们注意讨论的目标。同时还需要采取求同存异和消除分歧的方法将其他人引入正常的讨论，冲淡争论双方的火力。如果有必要，可以让争论激烈的双方暂时退出讨论。

6. 私自插入消息和话题

有时参加会议的人可能会提出自己感兴趣的话题，这些话题多半与会议的议题无关。这类消息和话题会对会议进程产生很大影响。对这类现象处理办法有三种：

○ 不予理睬，可是还要注意不要让它们影响与会者。

○ 提醒与会者会议的主题是什么，请大家把别的议论搁置一边，例如："我知道有人现在还在考虑别的事，如果与讨论议题无关的话，是不是可以暂时放一放？"

○ 公开点名指出，比如："小何，你是不是还有其他关于这个问题的想法要提出来？"

在某些情况下，可以会后私下找当事人谈谈，这样或许会更妥当。另外，可以将这些人关心的话题列入另一次会议的议题，使当事人感到别人并非对自己的发言置之不理。

上面总结了会议过程中可能遇到的各种困难局面。下面的训练与练习帮助你回顾和总结自己在主持或参加会议时面临的困难局面与解决方法。你可以回忆当时的情形并思考应该运用什么方法来解决这些困难。

训练与练习　处理会议困难局面

问题：

写出三个你主持或参加讨论时遇到的困难局面及当时的处理方法，并思考将来遇到同样的问题时该如何处理。

表 11-6　困难局面及应对方式

遇到过的困难局面	应对的办法和思路
1.	
2.	
3.	

总结：

没有通用的方法可以解决所有问题。处理会议困难局面的技能除了不断反思、不断实践外，你还可以向有经验的人学习和请教。

11.3　会后工作

会议结束后还有两项任务需要完成：写好会议备忘录并分发给相关人员；监督会议决议的执行情况。

11.3.1　会议备忘录

所有会议都必须将讨论过的内容和结果记录下来。一些正式会议还需要按照正式的格式做记录。团队会议只要做简要记录就可以，除非组织另有规定。表 11-7 给出一个会议备忘录的示例。

案例与讨论　会议备忘录

表 11-7　东北地区分组会议

时间：2020 年 5 月 22 日，星期三，10:30—11:15
地点：第一办公楼 1211 多功能会议室

会议备忘录

出席者：小英、春春、浩建、彩旭、一鸣、启山、柳江、阿青
缺　席：小徐

议　题	行　动	执行人	完成期限
1. 工业博览会规划	决定最终日程表和任务分配表并将它们分发给班组	阿青	6 月 8 日
2. 培训计划	收集顾客典型的投诉意见；把意见转告给培训教师；开始实施谈判技能培训计划，完成前期准备工作	小英	6 月 10 日
3. 团队调整	建议把相关会议决定及时传达到各个业务组	启山	6 月 13 日
4. 会议中讨论的其他事项	预算及销售额——及时向相关的会议提供最新数据	浩建	每一个会议
5. 团队中的其他事务	轮流负责会议的主持工作，记录会议发言以及后勤保障工作	全体人员；按小英、春春、浩建、彩旭、一鸣、启山、柳江、阿青顺序轮流执行	正在进行中
6. 下次会议	时间：6 月 14 日，星期五，14:30—15:15，第一办公楼，第三会议室		

问题：

会议备忘录应该包括哪些方面的内容？

总结：

一般来讲会议备忘录应该指明：

○　需要完成什么事——写得越具体越好；

○　由谁负责完成；

○　完成的日期和时间。

对于网络会议，在会议进行期间就可以对达成共识的内容及时总结并加以执行，不必等到会议结束。

11.3.2 执行会议决议

团队领导必须监督每项决议的执行情况，确保决议按照规定的方式和时间完成。同时团队领导有责任在其他成员需要时提供帮助并解决执行中遇到的困难。

在学习完本章内容后，你可以结合自己的时间来进行进一步的总结，从而提高会议沟通的能力。下面的训练与练习帮助你更好地掌握本章的内容。

训练与练习　规划完整的会议

指导：

根据你的工作实践以及在工作中曾经参与过的会议经验，设想和安排一次即将召开的会议，并邀请几位与会者与你共同进行模拟会议。

1. 筹划会议

在表 11-8 中，规划一个即将召开的会议，在会上你将承担会议协调的工作。

表 11-8　团队会议规划

会议的目的意图	
参加人员	
方式方法	
会议议程	
时间安排	

2. 协调会议

承担起会议协调的工作，你可以不参与讨论。如有可能，请别人主持会议，你就可以集中精力发表自己的观点，进行讨论。回顾在 11.2 中做过的训练与练习，运用总结出的会议协调和促进讨论的方法。

3. 贯彻执行会议决定

拟定实施各项措施的备忘录，并对实施情况进行监督。

4. 获得反馈意见

复制的意见反馈表11-9，请与会者每人填写一份。

表 11-9　会议协调的反馈

问　　题	是	否	如果觉得不合适，你觉得如何会好一些?
讨论中所有人都有发言的机会吗			
讨论中有向别人发问的机会吗			
有人听取和考虑你的观点吗			
你的观点与形成的决议有很大差别吗			
你理解别人的观点吗			
别人的发言是否能够引起你对自己的观点进行反思			
决议的内容是否正确而公平地反映出讨论的结果			
是否接受最终的决定			

5. 对整个会议和反馈意见做一个总结

问题：

在模拟会议后，思考你在此次会议中发现的问题，并在下面写出三种你认为可以改善会议主持与讨论的方法。

（1）＿＿＿＿＿＿＿＿＿＿＿＿＿＿＿＿＿＿＿＿＿＿＿＿

（2）＿＿＿＿＿＿＿＿＿＿＿＿＿＿＿＿＿＿＿＿＿＿＿＿

（3）＿＿＿＿＿＿＿＿＿＿＿＿＿＿＿＿＿＿＿＿＿＿＿＿

总结：

本练习通过计划并主持一次具体的会议，把本章中学习的内容重新温习了一遍。通过反馈意见及总结，你可以反思自己是否有效地促进了会议中的讨论。完成这个训练与练习后，希望你能够经常总结和实践，逐步提高自己主持会议讨论的能力。

本章小结

本章首先介绍了会议沟通的五要素，接着对如何更好地控制会议进行分析，然后强调了执行会议决议的方法，最后在如何处理会后工作上给出具体操作建议。

思考与练习

1. 在会议各个阶段中，促进协调的具体职责和方法有哪些？

2. 会议过程中难免会出现一些意外状况和困难局面，有哪些克服的方法？

第 12 章　工 作 报 告

学习目标

1. 了解工作报告的形式及目的；
2. 掌握抓住听众心理的技巧；
3. 重点掌握撰写工作报告的方法。

学习指南

工作报告是会议沟通的一种特殊形式，是团队领导的一项主要职责。它包括向团队成员介绍情况、传达组织或上级的指示、介绍团队必须完成的任务等。

无论作为组织沟通和交流的一种机制，还是作为向团队介绍情况的工具，工作报告都具有非常重要的作用。本章将阐述工作报告的概念，讨论工作报告的形式和目的，在作工作报告时如何抓住听众心理，以及如何准备工作报告等内容。

关键术语

工作报告的形式　工作报告的目的　抓住听众心理　工作报告的撰写

140

12.1　工作报告概述

12.1.1　工作报告的形式

工作报告是组织进行沟通的有效渠道，也是组织获得反馈的有效方法。按照沟通目的的不同，组织范围内的工作报告可以分为三种形式：

○ 从上到下形式：保证信息流从高层传递到所有部门和员工；
○ 从下到上形式：提供向上反馈的有效渠道，把有关人员的观点反馈到高层；
○ 平级形式：为团队内讨论提供信息。

当然，有的报告综合了以上三种形式的特点。虽然有些组织没有定期的工作报告活动，但是当需要时，团队领导和上级主管也能够直接利用这种有效的交流方式与下属沟通。你可以通过下面的训练与练习回忆你在组织中所采用的工作报告的形式。

训练与练习　工作报告的形式

问题：

你所在的组织使用工作报告吗？如果使用，通常采用何种形式的工作报告？

总结：

无论采用哪种类型的工作报告，团队领导的作用都非常重要。团队领导有责任通过工作报告传达信息并使用其达到预期目的。

12.1.2　工作报告的目的

在很多组织中，工作报告是内部工作沟通的基石。当规划工作报告时，必须明确报告的意图和想要达到的目的，例如：

- ○　说服人们做什么事；
- ○　告诉人们如何考虑问题；
- ○　介绍一些技术信息或让人们接受新思想、新方法；
- ○　决定采取何种行动、由谁去执行；
- ○　让人们反馈他们的意见；
- ○　让人们坦言自己的见解，介绍自己的经验。

注意，以上所列举的工作报告的目的都是为了传递或获取信息。可是仅仅认清工作报告的意图并不够，还必须明确工作报告所寻求的结果，明确希望工作报告产生什么样的效果，例如表 12-1 所列举的情况。

表 12-1　工作报告的意图和效果

意图（目的）	效果（结果）
解释劳动合同法的修改内容及其对团队的潜在影响	团队可以执行新的操作程序
说明团队采用新订货系统的益处	可以减少客户投诉
向团队汇报顾客满意度调查的结果	团队具备自我提高的意识并采用新的方法

明确工作报告的目的和结果，不仅能使工作报告获得更好的效果，而且有利于团队发展。确定工作报告的最终结果非常重要，这可以帮助你：

- ○　将工作报告紧扣目的和意图；
- ○　强调你想达到的结果；
- ○　评价工作报告的有效性。

12.2 抓住听众的心理

在进行工作报告之前必须明确目的和结果，但工作报告是否成功还取决于听众的反应，所以在发言过程中必须有效地与听众沟通，并取得他们的反馈。许多人都会有这样的经历：在工作报告的过程中无聊地坐着，听着别人无休止地说话。他们认为那完全是在浪费时间，是一种无法逃避的例行公事。

造成这种现象的主要原因在于，报告者把工作报告看作是一种单向的沟通过程。报告者不知道听众是否理解了信息的含义和意图，甚至不管听众是否在听。如果听众只是到场，脑子里还在想着别的事而无心听你的讲述，也没有从思想上真正"参与"进去，这样的工作报告效果等于零。所以，报告者必须抓住听众的心理，开通一条双向交流渠道，才能取得好的沟通效果。下面将介绍一些抓住听众心理的方法，通过这些方法可以让听众对你的工作报告产生兴趣。

步骤与方法　考虑听众的需求和期望

（1）身份和人数；

（2）对当前主题的了解程度；

（3）参加工作报告的目的；

（4）他们想从工作报告中获得什么；

（5）他们通过工作报告想做些什么；

（6）是否还有其他的特殊需求。

分析了以上情况后，报告时应该结合上面的分析结果，站在听众的立场上考虑问题，从而使工作报告更好地适应听众的需求。结合下面的案例与讨论思考在作工作报告时，如何充分考虑听众的需求和期望。

案例与讨论　考虑听众的需求

小王即将在部门会议上作工作报告，内容是如何改进公司的企业文化，他需要在会议上收集公司员工的反馈信息并进行报告的整理。为了吸引听众的参与，小王把与听众关系密切的内容作了重点整理，并根据他们日常工作中所遇到需要解决和改进的问题，制作了一个调查问卷。这个问卷虽然与企业文化的改进并无太大的关联，但是他认为提升员工日常工作的幸福感对企业文化的改进也有所帮助。

问题：

小王准备这个调查问卷的根本原因是什么？

总结：

了解听众的需求是做任何事情的前提，要紧紧围绕听众的需求，思考听众要从这次会议中得到什么信息，还要理解听众更深层次的需求动机。要重点讲解大多数人的需求，照顾到他们的利益，满足他们的深层次的心理动机，否则，会议就变成了自说自话，最终变成一个人的舞台和独角戏，而不会引起台下的共鸣。

步骤与方法 吸引听众的参与

进行工作报告时，如果出现听众只是在听而没有思考的情况，就应该使用一些方法来吸引听众参与，例如：

（1）报告中配合使用视觉的辅助手段，如投影仪、活页挂图等；

（2）布置一些小的任务或活动让听众参与；

（3）在工作报告中，把与听众联系密切的内容标注上重点符号；

（4）把工作报告中的要点作阶段性的小结，使听众便于掌握叙述的线索；

（5）采用完整的结构、清晰的条例、符合逻辑的内容来引导听众。

不是所有的报告人都能说会道，但是他们必须能激发听众进行思考，并让听众在这些内容和已有的知识之间找到关联点，提出问题并寻找解决问题的方法。也就是说工作报告要具有交流性和沟通性，需要抓住听众的心理并吸引听众的参与。

步骤与方法 运用形体语言

如果报告过程中感觉紧张并对讲述产生了影响，应该采取一些补救措施，例如：

（1）目光投向听众，像平常谈话时那样看着对方。用眼睛在听众中间扫视，可以不时在某个人的脸上停留片刻，时间长短以说完一个句子或者一个论点为宜。切记不要让目光在说话时快速游走，更不要盯在某个人脸上不动；

（2）回想愉快谈话时的情景，选择适当的表情来讲述，例如适时地微笑、皱眉等。

（3）除了使用辅助工具或做活动外，不要随意走来走去。不要把双臂抱在胸前，那样会让人看起来焦躁不安或者气势汹汹。如果觉得两只手放在哪里都不合适，可以把报告材料拿起来——但千万不要照着它往下念，偶尔扫一眼就可以了；

（4）说话的声音应该传送到室内的各个角落，即使坐在最远处的人也能听到。说话

143

速度不要过快，要处之泰然，张弛有度。

当众讲话可能会使人觉得紧张或不自在，这种心态很可能通过身体语言传达给听众，使他们也觉得不自在，而且会分散注意力；反过来，如果身体语言表现出轻松自然，听众就会自然而然地专注于正在表达的话题了。关于身体语言的内容我们在 10.1 "身体语言沟通"中有过详细的介绍。

步骤与方法　建立良好的关系

要抓住听众的心理，建立良好关系，就需要注意与他们的目光接触：

（1）讲话过程中目光要能够与听众相互接触；

（2）目光与每个人接触时，要把握好时间的长短；

（3）从形体语言和目光交流中寻求反馈；

（4）不要目光茫然，信口说话；

（5）当展示幻灯片或图片时，一定要面向听众以便通过目光进行交流。

与听众之间的障碍越少越容易建立良好的关系，从而也更能够抓住他们的心理。例如，把椅子摆成半圆形，报告者就可以看到所有人，把座椅的位置略加调整，人们就不至于互相遮挡。如果桌子没有用处，可以将它们搬开来增加相互接近的机会。也许最重要的是能够看得到听众，既有助于建立良好的关系，又能帮助自己放松心情。

12.3　撰写工作报告

现在，你已经知道工作报告要达到什么目的，对分析听众和抓住听众心理的方法也有了较清楚的了解。在此基础上，我们将进一步探讨如何把有关材料以及必要的资源综合到一起，条理分明地作出规划，以便撰写条理清晰的工作报告。

12.3.1　工作报告的材料

在撰写工作报告时，材料的来源可以分成两类：

自己准备的报告材料 ◀━━━━━━━▶ 别人准备好的报告材料

如果组织内有一套正式的工作报告机制，那么可能会有专门人员负责材料的准备。报告的核心内容通常就是信息，一般是自上而下逐级传递，时间跨度一般不超过五天。此外，还包括团队内部的一些特定事务、信息和新闻。下面的训练与练习帮助你思考和分析工作报告材料的来源。

训练与练习　分析材料的来源

问题：

你的工作报告有多少材料是别人为你准备好的？有多少材料需要你自己准备？依照具体情况，在下面的示意图上标出你的比例：

自行准备　　　　　　　　　　　　　　　　　　　　　别人准备

总结：

工作报告材料的来源一般取决于报告的目的和所在组织的规定、制度等。明确这点有助于开展工作报告的准备工作。

报告的时间长短取决于报告的目的、讨论的深入程度以及希望获得反馈的时间期限等。报告时间的长短还会影响讨论和交流的时间。你可以通过下面的训练与练习思考在工作报告中时间的利用情况。

训练与练习　时间占用的比例

问题：

在报告中你用于讲话和交流的时间各占据多大的比例？按照你的情况在下面的示意图中标出比例：

讲话　　　　　　　　　　　　　　　　　　　　　　　交流

总结：

讲话与交流的比例依据目的而定。如果仅需要传达信息，讲话的比例可以大一些；如果需要通过协商与讨论作出决策，就需要用大部分时间进行交流。

无论报告材料的准备人是谁，报告人都需要：
○　思考讲述哪些内容才能够达到预期目的；
○　思考使用什么方式吸引听众，以进行适当的交流。

12.3.2　准备工作报告内容

工作报告的质量很大程度上取决于它的准备情况。在准备报告时应该做到以下几点：

○ 明确报告的长度；

○ 把主要论点从核心内容中抽取出来，并按逻辑顺序加以排列；

○ 将主要论点与团队具体实践相结合，特别是团队成员对主要论点的理解程度；

○ 保持简洁明了——不要堆积大量信息让人们感到茫然。

我们从下面三个方面来介绍如何准备工作报告的内容：

1. 工作报告的核心内容

如果工作报告的核心要点已经确定，那么报告内容也就可以确定下来，但是还需要明确报告要达到的目的，考虑如何在规定的时间内将规定的内容贯彻到团队。在作报告之前，要把核心内容与团队实际联系在一起（见表 12-2）。

表 12-2 工作报告的核心内容

核心要点	报 告 内 容
公司退休金方案	在会议上，人事部的成员将到会说明情况。如果个人有任何问题可以会前与人事部经理取得联系
任命新主任	介绍新主任的业绩，阐述组织的人才培养模式

2. 内容尽量准确、明了

在核心内容的准备中，信息一定要准确且简明扼要，不能够以自己的假设来主观判断听众的实际理解程度。虽然报告需要基于一定的假设，但应当尽量避免出现错误的假设，因为在工作报告中引入错误的假设会影响报告的可信度和实用价值，而且会导致听众思维混乱；另外，报告的内容应该尽量简洁明了，并且具有清晰的条理和结构，从而可以将核心内容表达明确。

3. 自行准备材料

很多人会花费大量的时间和精力对准备的材料进行反复整理，而且搜集的信息、事实和数据尽可能要多，直到满足需要为止。在搜集的过程需要保持既定的目标坚定不移并明确需求，这有助于筛选和确定信息。你可以做一些调研，也可以与相关部门联络以获得所需的信息。此外你需要对所搜集到的材料做一个总揽。"思维导图"（相关内容见1.2 "有效的思考方法"中"思维导图"介绍）可以帮助大家整理和组织这些材料。

步骤与方法　准备材料

准备材料时，需要注意以下几点：

○ 考虑好报告的时间长度；

○ 搜集所需的信息、事实和数字；

○ 对全部内容加以整理归纳；

○ 将信息筛选并条理化。

回顾本章的内容，设想你需要作一次工作报告，你需要做哪些方面的准备。

训练与练习 工作报告的准备

问题：

○ 需要搜集哪些信息？

○ 报告的主要论点与核心内容是什么？

○ 有哪些手段可以吸引听众？

○ 怎样安排报告各个阶段的内容？

○ 需要做好材料的哪些准备工作？

总结：

本训练与练习与前面的内容结合在一起，通过一次实际的报告准备，可以使你对准备工作报告的活动更加了解。按顺序回答这些问题的过程也是一个计划和准备报告的过程。通过这些过程，相信你可以对报告做出更充分的准备。

本章小结

一个成功的会议报告，在会前、会中、会后都有很多内容需要注意。在熟悉工作报告的形式及目的之后，本章教会你运用更多的技巧抓住听众的心理，并学会如何准备报告资料、撰写工作报告。

思考与练习

1. 工作报告的形式都有哪些？

2. 分析听众需求和抓住听众心理有哪些技巧。

3. 在你的工作或生活中，你是如何准备工作报告内容的？

第13章 工作谈判

学习目标

1. 了解谈判结果的类型；
2. 掌握谈判前的基础工作；
3. 掌握如何处理谈判中的意见和冲突；
4. 重点掌握谈判过程中的技巧和方法。

学习指南

工作中，我们会遇到很多情况需要通过谈判或者运用谈判的方式来解决。要想在谈判中更好地达到自己的目的并寻求一种双赢的解决方案，就需要在其中运用一些方法和技巧。本章内容涉及了谈判的整个过程，从谈判的基础工作做起，规划谈判进程，并介绍了在谈判中如何使用具体的方法和技巧，处理谈判过程中的意见和冲突。

关键术语

谈判　谈判的影响力　谈判进程　谈判技巧　谈判中的沟通技巧　谈判冲突处理

148

13.1　谈判概述

人际交往过程中一项十分重要的沟通活动就是谈判。它使用广泛，大到国与国之间的政治、经济、军事、文化往来，小到企业间的联系与合作，都离不开谈判。即使在组织内部，也有很多情况下需要通过谈判沟通使别人接受某个方案或就某些目标同别人进行商讨，这些都应该属于广泛意义上的谈判。

13.1.1　谈判的目标与结果

谈判是一种目标很明确的行为。人们谈判是为了满足需要，建立和改善的关系，是一个协调行为的过程。它的目标就是最终达成协议，寻求解决方案。谈判双方各自的具体目标往往是不同的，还有可能是对立的。双方都希望通过谈判达到自己的目标，但实际上往往会有多种不同的结果（见表 13-1）。

表 13-1　谈判的不同结果

双　赢	赢　输	两　败
双方都获得好处	只有一方获得好处	双方都没有获得好处
强调双向沟通	坚持各自立场	坚持各自立场
双方都有灵活性	一方有灵活性；另一方没有	双方都没有灵活性
着眼于解决问题	着眼于短期利益	各自坚持不能让对方获利
维护长期关系	损害长期关系	损害长期关系

　　尽管谈判中双方都想达到自己的目标，取得"我赢你输"的结果，但是使双方都获得好的结果才是谈判应该追求的。谈判的目的是达成协议，而不是一方战胜另一方。在谈判中，双方要不断调整自己的行为和态度，做出必要的让步，而且能理解对方的要求，这样，谈判才可能取得成功，最终达成双方都较满意的协议，双方长期的合作关系也能够得以建立。

　　研究下面的案例与讨论，思考应该如何才能使谈判取得良好的结果。

案例与讨论　失败的谈判

　　最近，某公司的章总碰到了一个难题，车间主任联合签名，代表全体工人向他呈上了一份申请书。申请书的大意是要求公司增加员工的工资和提高福利待遇，理由是：公司半年进行一次绩效考核，根据规定员工的工资幅度应该有一定的上浮，且现在各个行业的工资平均增长率都在上涨，而该公司却一直没有兑现承诺，引起了员工的不满和抱怨。员工还认为，这半年来每个人的工作量都是满负荷的，压力很大，但是员工的福利待遇并没有得到改善。

　　看完申请书后，章总很生气。虽然公司这半年的业绩呈上升趋势，但是公司为了满足市场的需求，需要扩大生产规模，因此需要投入大量资金，这样一来，员工的工资和福利待遇就不能兼顾，章总认为员工应该以公司发展为重，不能只为一己私利。随后，他把公司所有员工召集过来开会，会上他严肃批评了车间主任和其他员工的做法，说这是在给公司添乱，严词拒绝了员工提出的解决方案，双方没有达成任何协议。接着，全体员工自发组织了怠工行动，这使企业陷入了困难的局面，而员工目前的工资和福利也难发下去了。

13.1.2 谈判的影响力

通常，我们把影响和改变他人心理和行为的能力称为影响力。与行政权力相比，它更为复杂并具有多面性，而且不能直接使变化发生。影响力是由多种元素构成的，其效果也是多方面的。影响力包含的元素涉及人际关系、被信任程度和专业知识与技能等诸多方面。人们一般会从以下这几方面感知谈判的影响力：

○ 个人才干

权力和职务当然会提高影响力，可是有影响的人不一定有高级行政职务。谈判的影响力来自个人的综合能力、专业知识和技能以及深刻的见解。

○ 人际关系

良好的人际关系有助于维护影响力。某些人由于害怕破坏与你的友好关系，有时候不得不接受你的观点和做法，接受你对他们的影响。

○ 社会压力

影响力有时候来自所属群体的需要。由于人们分属不同组织，一般不会反对其所在组织的文化。因此在这种社会压力下，他们很容易接受别人的影响。

○ 说服力

人们一般容易接受符合逻辑的论断，被符合逻辑的论断说服并做出某些行为，因为他们觉得只有这样做才最合适。

提高影响力的方法有很多，比如，可以通过建立一定的关系网络来扩大影响力的范围。此外，你还可以采用下面的一些方法：

步骤与方法　提高影响力的方法

- ○ 广泛建立良好的人际关系；
- ○ 增加专业知识和技能；
- ○ 注意沟通的方法和技巧；
- ○ 寻求共同的兴趣、利益和好处；
- ○ 合乎逻辑地表达思想、见解和观点；
- ○ 正确地提问并注意倾听。

13.2　谈判的基础工作

一项谈判能否取得成功，不仅取决于谈判时的沟通情况，而且有赖于谈判前充分、细致的基础准备工作。可以说，任何一项成功的谈判都是建立在良好的准备工作的基础之上。在本节中我们将介绍谈判开始前四个方面的基础工作。

13.2.1　确认谈判的必要性和需求

在开始准备谈判之前，首先要确认：这项谈判是否有必要。如果存在以下情况，可以考虑不采用谈判的方式：

- ○ 自己从中得不到任何想要的东西；
- ○ 时机不当时，最好不要浪费时间。一定要清楚这是不是可以谈判的时候。例如正在裁员时，绝不能要求涨工资；
- ○ 有其他更有效的方法可以达到自己的目标。

除了确认必要性之外，开始谈判之前还必须清楚自己的问题和需求，这样才能够着眼大局。因此你需要做到：

- ○ 明确问题所在——问题是什么；
- ○ 准确无误地分析意图——自己需要什么，真正关心的是什么；
- ○ 明确希望寻求的最好结果是什么——想达到什么目标；
- ○ 确认能做出的最大让步是什么——至少达到何种程度可以接受。

确定了谈判的必要性和需求，就可以开始研究如何进行谈判、需要做哪些具体的准备工作。

13.2.2 研究和收集信息

谈判需要研究和收集的信息主要包括两个方面：

1. 有关人员的情况

尽量了解被说服人员和谈判对手的情况，例如：

○ 他们的兴趣和爱好，或者最爱谈论的话题和论调；

○ 他希望人们如何看待他（比如强硬和果敢、足智多谋、心胸开阔）；

○ 他们是不是易于理解和接受事实；

○ 通常情况下，他们在遇到新的思想和见解时反应和态度如何；

○ 他们当前正在关注和思考的问题。

了解了对方人员的以上情况后，我们可以考虑：

○ 自己的建议对他们有什么好处；

○ 自己应该采用什么样的方式方法；

○ 双方的共同利益；

○ 可能的反对意见。

2. 相关的事实和数据

在谈判中，你必须为你的观点和建议搜集相关的事实和论据，包括准备在谈判中需要使用的材料等。如果能够把它们整理成书面材料、流程图、图表等将会更有说服力。

对此你需要：

○ 认真搜集和研究对你有帮助的事实；

○ 尽量运用实例和数据说明当前的问题和情况；

○ 用实例和数据证明你的理由和观点。

下面的案例与讨论可以帮助你了解谈判中收集对方人员和相关事实的重要性。

案例与讨论　用事实和数据说话

　　小宋是一家冶金公司的高级工程师。公司让他负责向美商购买组合炉和自动冶炼器的谈判。为了更好地完成任务，他事先搜集了大量的相关资料，包括设备的行情、美商的现状、经营情况等。谈判开始时，美商一开口要价 150 万美元。小宋向美商列举了各国的成交价格，使他们目瞪口呆，最后在美商的妥协下以 80 万美元成交；当谈到自动冶炼器时，美商报价 230 万美元，经过讨价还价压到 130 万美元，但小宋坚持出价 100 万美元。美商把合同往小宋面前一扔，说："我们已经做了这么大的让步，你们的价钱也太没诚意了。这笔生意算了，明天我们回国。"小宋轻轻一笑，没有阻拦，于是美商真的走了。公司其他的人有点着急了，有的还埋怨小宋不该把价钱压得这么低。小宋很镇定地说："放心，去年他们卖给法国 95 万美元，现在 100 万美元的价格是正常的。他们会回来的。"果然，一周之后美商又回来了。小宋向美商点明了他们与法国的成交价格，美商没想到对手这么精明，于是不敢再报虚价，只得说："现在物价涨得太厉害。"小宋说："每年物价上涨指数没有超过 6% 的，一年时间，你们算算，该涨多少？"美商在事实面前不得不让步，最后以 101 万美元达成了这笔交易。

问题：

案例中小宋能够成功达成交易的关键是什么？

总结：

谈判的基础是掌握事实与信息。这个案例说明经过研究与分析，用事实和数据说话，比单纯的讲道理更加有效。

13.2.3　赢得人们支持

不同的人看问题的角度不同，集体智慧可以弥补个人思维的缺陷。为了使你最终能够说服别人，在解决问题以前，必须获得人们的支持。你可以尽量争取有关人员的帮助、听取他们的意见和想法，从而消除观点、论据中的隐患，使之无懈可击。下面的训练与练习帮助你获取在解决问题时如何赢得别人的支持，如何利用他人的智慧。

训练与练习　赢得人们支持

问题：

部门会议上，经理布置了一些任务。会后，小张对经理提出的问题想出了初步的解决方案，他该如何进一步调整？

总结：

可能会首先想到：所采取的做法会影响到哪些人？这些受影响的人会怎么想？

不要自己一个人闷头想。如果没有其他人看到这个问题的重要性，或者没有人需要解决这个问题，你就没有必要提出问题，否则你就会浪费时间。市场人员很懂得市场调查的重要性。你也可以做这样一些调查：

○　找出哪些人意识到这个问题；

○　让这些人参与其中；

○ 寻求他们对某个方案的意见和看法；

○ 想出更多的办法来解决问题。

13.2.4 规划谈判进程

当确定了自己的问题和需求、通过调查研究获得了信息和数据并赢得了支持，就应该开始规划行动的框架了。规划一个行动至少要建立一个框架，并选定切入点。把需要参考的要点写下来，事先把这些要点融会贯通，才能做到胸有成竹。下面提供的是谈判的一个简要步骤。

步骤与方法　谈判的简要步骤（IDEAS）

○ Identify：提出问题和共同的基础。在开场白中，要一下子抓住对方的兴趣并说明对他的益处，例如："我有一个想法，能解决我们双方的问题……"或者"我们面临着共同的问题……"；

○ Declare：宣布自己的观点和见解，说明希望解决的问题、背景情况以及为什么采取这个解决办法，例如："我认为解决途径是……"或者"我所关心的是……"；

○ Explain：解释你的建议，举出事实和数据说明对对方的益处；

○ Ask for：征求和解答对方的不同意见，并逐一加以解释和处理；

○ Summarize：简要总结，确认对方已经理解，以便落实以后的行动。

当然，上面只是谈判中的一个大致步骤。有些步骤需要反复进行才能达到目的。针对谈判或者被说服对象的不同，我们需要采用的手段也是不一样的（见表 13-2）。

表 13-2　谈判对象的类型和说服手段

类型	魅力型	思考型	怀疑型	谨慎型	控制型
关键特征	激情奔放、发号施令、形象思维	逻辑思维、坚韧不拔、学识丰富	反复查问、节外生枝、难以掌握	认真负责、小心谨慎、经济头脑	逻辑思维、不动感情、注重细节
说服手段	注重结果、形象生动、聚焦重点	证据有力、规划周到、叙述全面	恪守信用、说明得到有威望和有影响的人的保证与支持	经过验证、方法有效、有成功先例	程序规范、专家论证、推心置腹

除了以上方面，谈判前的规划可能还涉及谈判时间、谈判地点、谈判的议程和进度等，谈判中运用的策略和技巧也是规划中应该考虑的问题。这一点我们将在下一节内容中介绍。

13.3 谈判的技巧

13.3.1 控制谈判进程的技巧

有很多因素都会影响到谈判的结果。要想使谈判获得成功，谈判者必须首先保持自信和果断。虽然不是所有的人都天生自信，但自信是可以学习和培养的。只要经过努力，养成自信做事的习惯，对自己的言行能够进行控制，就可以很好地控制谈判的进程。

1. 自我控制

下面进行评测与评估，评估自我控制的程度。

__评测与评估__　自我控制

问题：

表 13-3 中列出两种相反说法，你更倾向于哪种？请在下列的分数中做出选择。

表 13-3　自我控制调查表

你很少事先就把事情规划好	1	2	3	4	你喜欢事先把事情规划得很周到
通常你都是很快下定决心	1	2	3	4	你总喜欢反复思考后才下决心
如果你想买大件用品，总是先用信用卡赊购，以后再付款	1	2	3	4	你倾向于不花费这笔款项
你喜欢什么事都顺其自然	1	2	3	4	你总想事先知道来龙去脉
对一个初次见面的人会立即确定对他的看法	1	2	3	4	从交往中观察和体会后再决定对一个人的看法
你经常在做了某件事情之后开始后悔	1	2	3	4	总是为没有做某件事而后悔
你很容易马上介入一些事，但随后便认为自己太轻率	1	2	3	4	你有的时候坐失良机
经常言多语失、在时机不当时发言	1	2	3	4	总在事后后悔没有发表意见
如果你感觉受到攻击或者不公正的批评，能够立即回应	1	2	3	4	你往往回应太迟、错过时机
一般情况下，你总是不假思索、脱口而出	1	2	3	4	你在出言之前能够再三思考

总结：

把你对各个问题的评分相加，总分=_____

各分数段的分析如下：

○ 得分在 10~15：

这个分数段的人一般倾向于享受生活，是怡然自得的乐天派。你不喜欢进行规划，但是要想获得谈判胜利和说服别人，采取随意的态度是行不通的。精心规划与安排不是你的强项，你必须加强这方面的训练。

○ 得分在 16~25：

处于这个分数段的人看起来好像既不冲动也不迟缓，可是你在深思熟虑方面仍然不足，在与别人打交道时需要更稳重一些。总之，你需要更为全面彻底地规划和准备，再多一些自我控制和约束力。

○ 得分在 26~35：

进入这个分数段，说明你稳重并且能控制自己，愿意思考。可以说你已经具备了成功谈判的基础，而且会因为这些习惯从谈判中受益。

○ 得分在 36~40：

如果位于这个分数段，说明你太缺乏行动能力。一般来讲，有两种情况造成只规划不行动：一种是缺乏自信又怕人议论，或者说想维持表面上的尊严，而维持尊严最容易的办法就是隐藏起自己的想法；还有一种就是有推诿拖拉的习性，为了克服这种坏的习惯，必须树立信心、果断行事。

156

2. 不立即回应

不立即回应的优点在于能使你以平静的心态对待他人，以客观的态度对待问题。如果能够克制自己不要立即回应，就可以赢得时间去考虑如何更好地做出回应。尽管争取的时间可能非常短暂，却能有效避免做出不恰当的反应。下面的案例与讨论说明在谈判中不立即回应的好处以及应该采取哪些手段来赢得时间。

案例与讨论　不要立即回应

丽丽是某汽车销售公司的一名财务人员。在工作期间，她遇到了一个最难对付的客户，这个客户让她学会了如何谈判。起初丽丽很怕跟这个客户打交道，因为她认为他脑子快、心眼儿多，常常算计别人。每次办完业务之后，她的感觉就是"又按他说的办了"。每次谈判过程总是被他主导，丽丽一直得跟随他的节奏。无论是否同意，丽丽都会接纳他的观点，并表现得真诚坦率，愿意与他合作。这样讨论的步调就完全由他支配，被他控制，丽丽没有了主动权。

同这个客户打交道久了，丽丽也渐渐认识到问题的症结所在，她决定放慢步调，延缓谈判进程。当客户提出的问题比较刁钻时，她总是保持平静的心态，以客观的态度对待问题，同时采取一定的技巧拖延或者转移，甚至在不置可否的情形下抛出自己的方案。有时候丽丽会故意装作喝茶或上厕所等，留给自己思考的时间，也使客户明白自己不同意他的方案，这样等回到谈判过程中的时候，客户往往不得不改变提议。

结果丽丽渐渐发现，同这个客户打交道也并不难，自己完全能够起主导作用。他们尽量选择双方都比较喜欢的方式进行，合作也更加融洽。更重要的是，这样的谈判往往能够获得对公司更有利的结果，使她为公司获得了利益。

问题：

案例中丽丽是如何学会与这个客户打交道的？

总结：

这个案例说明了许多道理，其中最主要的一点是在谈判过程中要以自己习惯的节奏来进行，这样就可以控制整个进程，从而得到理想的结果。

训练与练习　如何赢得时间

问题：

上面案例与讨论描述的谈判中，做哪些事能为自己赢得时间？

总结：

你可能会想到下面的几种方式：

○　一句话也不说，先仔细认真地听；

○　暂停、喘口气；

○　端起杯来，先喝几口水，然后再回答；

○　说"让我考虑考虑"，如有必要的话，休息一会儿，或者给定一个时间再回答；

○　说明你必须征求上级意见，或者查找必要的数据，然后才能回答。

也许你还想到了更多的办法，也许你已经能够胸有成竹地运用整套的办法去应付。总之，事先有所准备是非常必要的，处理问题就是这样：临时抱佛脚，必然手忙脚乱。

3. 处事果断

面对一般情况应该如何做出反应？一种是果断、进攻型的方式；另一种是被动、防守型的方式。一般来说，处事果断会带来立竿见影的积极效果。对于处事果断的人来说，他们会明确表达自己的要求和感受，在维护自己权利的同时，不会侵害他人的权利。这些人认为自己的权利、希望和需求，和其他人是同样重要的。在很多情况下，具有这样的心态能够帮助你正确地分析事态，找出解决问题的最佳方法。

处事果断往往容易与专横武断混淆。专横武断是指不顾他人的看法正确与否、意见如何、立场如何，一心只按照个人意愿获取所求。处事果断是一种恰当的客观的行为，适合于论题、适合于众人、适合于当时的具体环境。所以在谈判之前需要明确不同风格的区别（见表 13-4），并把握好自己的风格。

表 13-4　不同风格的人的对比

处事果断的人	专横武断的人	优柔寡断的人
○　想要什么，直言不讳 ○　言谈中肯，直截了当 ○　能够考虑他人的需求 ○　能接纳别人的观点 ○　真诚坦率，愿意合作 ○　寻求问题的解决 ○　当机立断 ○　敢于负责，处事公平 ○　能认识到自己的弱点	○　为了取胜，不惜一切代价 ○　发表自己的意见并视其为不可 　　改变的事实 ○　不顾他人的感受 ○　威胁恐吓 ○　蛮横霸道 ○　贬低轻蔑他人 ○　只受功劳不担责任 ○　不承认任何缺点和错误	○　过分辩解 ○　自卑 ○　不知道想要什么 ○　不说想要什么 ○　对自己的行为不负责任 ○　一旦遇到挑战就退缩 ○　忧心忡忡 ○　优柔寡断 ○　容易受别人影响

158

13.3.2　谈判中的沟通技巧

大多数谈判所需要的技巧就是那些用于沟通的基本技巧。积极主动、全神贯注地倾听别人说话是最重要的。但是谈判是一个双向的过程，个人洞察局面的能力和做出合理反应的能力决定了谈判能否成功。与此紧密相关的是在谈判过程中如何入题、如何把握谈判基调、如何灵活做出反应。

1. 入题技巧

谈判双方在刚进入谈判场所时往往会产生忐忑不安的心理，尤其是重要的谈判。为此，必须讲求入题技巧，采用恰当的入题方法，把谈判过程纳入你预想的轨道。

为避免单刀直入、过于直露而影响谈判的融洽气氛，谈判时可以采用迂回入题的方法。可以从闲谈开始，可以随便谈到某个话题，或初到此地的印象、花絮、有趣的事、天气好坏等，但最好不要说到自己的事。如果暂时没有这种能力，或者不能驾轻就熟地使用，也不要勉强，只要微微一笑，行为得体、举止大方就可以了。先努力造成一种和谐愉快的气氛，从他人的言谈举止中察言观色、捕捉信息，待时机成熟之后再适时启动。

2. 把握谈判基调

谈判开始时的闲谈有助于定准基调。一开始就热情激昂，会让人觉得突如其来、莫名其妙；如果过于冷淡、缺乏热情，会让人觉得游离主题、没有进入状态。到了谈判中间，有时或许需要强硬有力，可是有时也需要言辞平和、逻辑严密。这就需要你敏锐地捕捉对方的反应，及时调整自己的策略。我们在第 10 章中讲过有关肢体语言的内容，下面的训练与练习可以帮助你分析和总结如何在谈判中解读肢体语言。

训练与练习　察言观色

问题：

选定一个时间段，观察你的同事、上司或客户在工作时或会议及谈判时的表现，并进行思考：在对方什么也没有说的情况下，你通过什么发觉他们是否有厌烦或者烦躁的表现？

总结：

请注意这样的迹象：

○　厌烦：坐立不安、在座位上乱动、不停地看表、来回抬头扫视房间的各处、注意力不集中、动作缓慢；

○　烦躁：皱眉头、躲避目光接触、叹气、坐立不安频繁重复相同动作。

3. 灵活机动、变换方式

随时准备变换方式或者变换讨论内容。如果觉得毫无进展，或者该说的都说了，仍然毫无结果，你不妨试试下面的方法。

步骤与方法　变换谈判方式或内容的方法

○　重新开始当前论题

比如说："我们是不是回过头来重新审视一下这个问题。"回顾实例、历数已经达成一致的各个要点，寻找新的共同点。

○　另起炉灶重开话题

可以把自己的论点重新组织然后换一个角度提出，这依靠事前周到细致的准备工作。如果早有准备，此时就可以更改策略和方式，比如，从经济角度不成功，可以从实施可行性或者有效性等方面提出容易接受的论点。

○　寻求正面的、积极的效果

求同存异。经常关注已经达成的一致之处，寻求可能的共同点而不要过多地考虑不同点，这可以帮助你将结果导向一个正确的方向。总是关注负面影响容易走入绝境；如果想加快进程，就需要强调正面的、积极的成果，从而取得进展。

○ 提问题以巩固共同基础

开放式的提问可以用来拓宽思路、发现新情况新问题，封闭式的提问用以核查理解程度、争取同意和掌握讨论进程。例如提一个开放式的问题："你认为我们的共同基础是什么？"一般情况下对方会历数正面结果，而不会回答："根本没有。"有了共同点，就能使谈判取得进展。

13.3.3 处理反对意见的技巧

谈判中的反对意见是棘手的问题。你不能回避反对意见，因为它在谈判中一定会存在。可以先问开放式的问题，然后问探查式的问题，注意这都需要仔细倾听对方的回答。把问题逐个明确并努力协调取得一致，这正是需要做出妥协、调整、让步的地方。牢记：大家走到一起是为了解决问题的，不能忘记自己关注的是什么，利益何在，可以接受的方案是什么。

除此之外，在处理反对意见时，还要注意对方反对意见中隐含的"但是"，从中可以找出其他的可能。谈判中人们经常话里话外地表达某些意见，他们的确打算同意某些事，或者愿意做出妥协。但是他们不会那么自觉和主动——他们愿意推进谈判，可是不那么心甘情愿地说"是"或"否"。口头上否认一件事，同时暗含着"但是"，所以要警觉他们所表现出的真实意图。例如："我没有把握是否一定能满足这个要求"可以理解为"但是那不是完全不可能"；"我不准备谈关于日程安排的问题……"可以理解为"但是我准备谈别的问题"。下面的训练与练习提出了几个关于隐含意思的说法，请分析各种说法背后隐含的真正含义。

训练与练习　隐含的信息

问题：

想想下列说法中隐含的"但是"是什么：

○ 对此我无权同意。

○ 我只拥有其中的部分职权，我没有权力决定其他。

○ 在现阶段我们不打算讨论这个问题。

○ 至今我打听到的消息是……

对于上面的训练与练习中所隐含的"暗示"，分别想出回应的说法。

总结：

这些"但是"可以理解为：

○　但是——我可以征得老板的同意。

○　但是——我可以决定其中的一部分。

○　但是——以后或许可以。

○　但是——我听到的情况还不够：请加以更为详细地说明。

对于暗示的信息，我们或许可以这样反问：

○　如果你有时间与有关人员商讨，是否会同意？

○　你认可其中的哪一部分？

○　你认为什么时候合适呢？

○　有哪些事情需要我进一步解释清楚呢？

必须对这些隐含的意思做出回答，谈判才能向前推进，千万不能轻易放弃。最有效的办法就是针对对方的隐含意思提出探索性问题，让他们做出准确而严格的回答。

13.4　谈判冲突处理

谈判是一个充满变化的过程。无论事前的准备多么周到，你也不能保证别人能够完全按照你的计划行动。本节介绍的是处理不同意见和各种冲突的方法。如果打算化解冲突，或者处理困难局面，一定要避免出现难以化解的危机。

面对比较严峻的局面，一般可以有以下选择：

○　直面冲突；

○　避免或不予理睬。

下面的训练与练习可以帮助你总结处理困难局面。

训练与练习　如何处理谈判中的困难局面

问题：

在谈判中如果遇到下述局面，你将如何应对？

○　对方持有不同见解或冲突性的意见；

○　对方以不恰当的或侵犯性的方式对你个人或你的见解进行攻击。

总结：

你应该在不同情况下采取不同的反应：

○　如果你觉得那根本是一个无关的问题，你或许就会回避或者忽略它；

○　如果这些意见或者攻击影响大局，你应该选择面对并果断地加以处理。

没有一种方法可以处理不同情况出现的所有问题，只有按照具体场合、人物个性、预期目的等做出具体的判断。一般来说，谈判中不要指望通过硬拼到底，或者自始至终采用同样的方法来解决所有问题。

理想的谈判应当是相互合作、客观理智、友好的、愉快的。可是现实世界中，人们会着急上火、发脾气、摆架子、耍弄职权等。面对这种场合，通常最好的办法是不予理睬。如果对方没完没了，就需要掌握一些方法和技巧来应付特殊局面，但是刚开始时需要多加练习。

1. 对于批评的回应

如果批评是实事求是、合理的，应表示认可并公开地予以接受。不过请记住批评只针对你的某个行为，而不是你个人。如果批评意见虽然合理但场合不对，尽量不理睬它；即使批评意见中只有少部分意见是合理的，也要承认合理的部分。

例如，如果遇到这样的批评："你总是安排不当，大家忙了半天，好像都在为你工作。"如果自己的确没有安排好，就可以这样回答："的确，安排上是有一些问题，我尽量改进。"如果批评不合理，就应该提出反问："为什么你认为我没有安排好？"

2. 对利用职权回应

这是一种由来已久的手法，总有一些人想在谈判中利用职权使别人接受自己的意见，幸好现在大多数人对此并不买账。对于利用职权的做法，可以反问："为什么非得听你的？"意思就是说，不要拿职位压人，你没有那么高威信，也没有那么大的说服力。

在这种情形下，最重要的是就事论事。如果只是针对需要解决的问题表达意见，没有对上级表现出粗鲁和不礼貌，就不会使对方感到不自在，同时也为自己留出了余地。

3. 对大声斥责的应对

可能很多人都体会过被人当面大声斥责的滋味，工作中会偶尔出现这种情况。如果面对一个脾气暴躁的谈判对手，你就需要做好应对这种困难局面的准备。下面的训练与练习可以帮助你思考如何在出现大声斥责时做出有效应对。

训练与练习　如何应对大声斥责

问题：
面对对方的大声斥责时，你有什么样的感觉？你将如何应对？

总结：
你可能感觉不安、愤怒和害怕，你也可能：
○ 针锋相对，也冲他大声喊叫；
○ 坐在那儿发抖，不知所措；

○ 不问原因就道歉；

○ 离开房间，过一会儿再回来；

○ 离开房间不回来；

○ 尽可能地心平气和，不喊不叫，让对方不要喊叫；

○ 短暂一停，继续干活，若无其事。

针锋相对，或冲他大声喊叫并不是办法，这只能使问题逐步升级，引发更多状况；不讲原则的道歉也会使情况更为恶化；离开房间容易，可是要回来就难了，往好处说，弄得大家都不自在，往坏处说，会造成关系破裂。有效的办法是叫他不要喊（但是如果态度或语言不当会造成对峙局面）。最好是暂停，然后再继续干活，若无其事。

当谈判中出现批评意见时，有时候直接表明的态度和真正的意思之间还有一定的区别，你需要仔细分析说法和含义之间的不同。下面的训练与练习可以帮助你提高这方面的技能。

训练与练习 如何回应

问题：

阅读表13-5，思考在出现下面意见的情况下你应该如何做出恰当和果断的回应。

表13-5 意见分析表

序号	意 见	暗含的意思
1	我可以肯定，如果组织得更好一些，这个问题能够解决	如果组织更为有序的话，这本来不是一个问题
2	如果你能更合作的话	如果你按照我说的做
3	你好像非常有把握	你太固执己见，不能令人信服
4	你真的以为这样会奏效吗	我看，不灵

总结：

你的回答可以是这样：

1. 我看不出那样会有多大效果；或者：那怎么行得通呢？

2. 我们的合作历来很好；

3. 我们的论据和实例准确有力；或者：的确，很有把握；

4. 是的，肯定奏效。

如果谈判中遇到了一些轻蔑和批评，你也需要沉着冷静地应对。

步骤与方法　应付轻蔑和批评的方法

○ 承认批评中的事实，其他的不予理睬；
○ 只针对问题来进行回答，不揣摩别人的心思；
○ 对于"轻蔑"说法，针锋相对予以质问。

　　下面的评测与评估要求你对各种应对方法进行分析和评价。通过评测与评估，你会更加清楚应该如何解决谈判中的各种冲突。

评测与评估　如何面对冲突

指导：

你面对冲突时会有何表现？在表 13-6 中做出选择。

表 13-6　如何面对冲突

有人不同意，或提出强烈的反对意见，你可能是哪一种反应：	
1. 不惜一切代价躲避	6. 寻求折中的解决办法
2. 试图发掘出所有的意见	7. 通常会退让
3. 针锋相对予以反驳	8. 通常会道歉以维持和平
4. 恼怒生气	9. 保持理性和平静
5. 感觉恐惧和无助	10. 尽量设法找到解决方案，即使双方都做出一些让步也可以

　　第 1 和第 5 这两条，表明了一种不顾后果、避免冲突的倾向。

　　第 7 和第 8 这两条，表明了一种为了相安无事不惜放弃权利、迁就对方的倾向。

　　第 6 和第 10 这两条，表明了一种试图寻求折中的倾向。

　　第 2 和第 9 这两条，表明了一种既维护自己利益又寻求合作，努力找出双方都满意的解决方案。

　　第 3 和第 4 这两条，表明了一种誓死一战、不达目的绝不罢休的倾向。

问题：

想想工作中处理冲突的办法，思考下面的问题：

○ 在处理反对意见时，你打算做哪些变化？
○ 当情况陷入冲突和争论时，你有什么感觉？如果问题尚未解决，你是否会怨恨？
○ 你能做些什么来设法防止事件发生（例如更为果断、避免被动）？
○ 你能通过什么努力来进行更好的合作？一定要具体。

总结：

你可以运用本章学到的方法，确定如何提高自己应对冲突的能力。处理不同意见的

164

"理想"方法就是合作。努力追求双赢的解决方案，公平合理地维护双方的权利。谁也不会在任何情况下，都一成不变地采用同一套办法。这个评测与评估通过反思自己面对冲突的表现，提高你应对和处理冲突的能力。你需要想出一些具体的方法来逐步提高自己解决冲突以及谈判的技巧。

本章小结

谈判是工作中必不可少的沟通方式。本章介绍了谈判的基本知识和基础工作，阐述了谈判的目的和结果的类型，以及如何为谈判做好准备，如何规划谈判进程，如何运用谈判的技巧，如何处理谈判过程中的冲突以获得更好的谈判结果。

思考与练习

1. 一般来说主要存在几种谈判结果？每种结果的特点是什么？
2. 谈判过程中，控制谈判进程的技巧有哪些？
3. 为了获得更好的谈判效果，你可以在谈判的过程当中运用哪些沟通技巧？
4. 在实际谈判过程中你会遇到各种冲突，面对不同的情况你可能会采取哪些方式来应对？

实践与实训

本单元包括会议沟通、工作报告和工作谈判三部分内容，会议沟通跟前一单元实践与实训步骤相同，本次练习主要介绍工作报告和工作谈判。

1. 工作报告

指导：

运用前面学习的各种技能，在为工作报告做准备的基础上，真正做一次工作报告。

在报告过程中，安排听众中的一些人对你的报告做出反馈。

你也可以从你的经理或团队成员处获得反馈信息。

这些反馈信息可以帮助你评估自己报告的效果，并能够帮助你做出改进。

后面提供的反馈调查表可以帮助你获得一些初步的信息。

报告完成之后思考：你的报告是否成功？有两个主要标准：

○ 你是否让听众高度参与；

○ 预期的目标是否达到。

运用从听众处获得的反馈信息和你自己对做报告过程的体会，写下 3 项改进措施：

（1）_____

（2）_____

（3）_____

填写调查表

在进行工作报告之前，被调查者需要先看下表中所涉及的项目。在做工作报告的过程当中不要填写，在报告结束后，根据对每个问题的看法，在相应的级别处做出标记：

（1表示做得非常好；5表示做得很差，同时你可以对每道题进行评论。）

调查表

主讲人是否：	非常好				很差
让听众了解为什么需要做这次报告	1	2	3	4	5
是否考虑到听众的理解程度	1	2	3	4	5
提供的信息是否清晰准确	1	2	3	4	5
信息是否合乎逻辑，听众是否理解	1	2	3	4	5

续表

主讲人是否：	非常好				很差
听众是否有兴趣	1	2	3	4	5
运用视觉辅助手段是否得当	1	2	3	4	5
是否鼓励听众提问，适时做出评论	1	2	3	4	5
是否能够尽量减少干扰与中断	1	2	3	4	5
是否严格遵守时间规定	1	2	3	4	5

总结：

本练习要求综合运用所学习的知识和技能完成一次真正的工作报告，并根据反馈意见做出改进。

通过练习，你可以系统地掌握前面讲授的内容，并将其有机地结合在一起。通过实际工作中有意识地反复练习，你可以有效提高自己做工作报告的能力。

2. 工作谈判

指导：

针对你将要参加的一次谈判，结合具体情况，做出规划和准备。下列的指导条例会对你有帮助。执行以后，立即加以回顾和检查，找到可以改进之处。

准备和规划

○ 确定你想要什么；

○ 确定最好的结果——你的目标所在；

○ 确定自己可以接受的结果；

○ 准备好数据来论证问题和说明当前状况；

○ 用数据证实该方案对双方都有好处；

○ 制定一份简明扼要的成本效益分析表。

谈判前的进行的检查工作：

检查工作表

整理思路 （自我考虑）	○ 了解自己想要什么 ○ 你的目标所在 ○ 你自己可以接受的结果是什么 ○ 是否做好了回答问题、应对不同意见、提出问题的准备 ○ 是否能放松，一点也不紧张 ○ 是否有准备，必要时采取灵活策略 ○ 能否控制住自己的情绪

赢得承诺 （他人与自己）	○ 对你自己的提案是否确实相信 ○ 你有信心说服你的听众吗 ○ 是否已经规划妥当并进行了演练 ○ 是否已经赢得了支持 ○ 与谈判对手是否已经接触过 ○ 是否了解每一个听众 ○ 你是否了解对方所关注的利益和兴趣 ○ 共同基础是什么 ○ 能唤起对方的感情吗？逻辑严密有力吗
心智（事实）	○ 对对方有什么好处 ○ 他们的问题是什么？为什么必须改变 ○ 对你的提案最有力的论点是什么 ○ 是否已经核对过论据 ○ 谁是有影响的人物？对此，你能做些什么工作 ○ 可能的反对意见和论点有哪些 ○ 准备好列有详细数字、表格、图解的材料了吗
底线（数字）	○ 是否与了解情况的人讨论过财务方面的含义 ○ 是否准备好了一份成本效益分析表 ○ 你能证实提案能够带来良好的经济收益吗

168

对照这个表检查自己的准备工作，这有助于你发现自己的优势和需要改进之处。

认真回答下列问题：

○ 你得到什么结果？

○ 达到预期的目标了吗？

○ 做出多少妥协？

○ 准备是否足够充分？

○ 是否进行过规划？

○ 是否使他人理解谈判结果对他们有好处？

○ 你的说服力强吗？

○ 你是否准确地预见到别人的反对意见？

○ 你对他们能否做出恰当的反应？

○ 你能做到多听、少说吗？

○ 你是否问得多，说的少？

○ 你是否经常做出简要小结？

○ 是否随时做笔记，记下所作的决定和协议？

○ 你能够获得对方采取行动的许诺?

请记下:

○ 哪些事你做得好?

○ 哪些事做得比以前好?

○ 哪些地方能有所改进?

自己规定几条按 SMART 方式改进的目标(不要多于三条)

(1) _____

(2) _____

(3) _____

总结:

这个练习要求你对一次具体的谈判做出规划,并在谈判结束后对照检查表反思一些问题。经过这个完整的练习,你就对谈判过程中涉及的一些技巧掌握得更加牢固,并能够总结出存在的问题及需要改进的目标。

单 元 测 试

一、单选题

1. 刘总在主持会议时发现，销售部经理为了详细介绍本部门的业绩，几乎占用了会议计划的所有时间。刘总在会议中遇到的困难局面是（　　）。

   A. 独霸会场　　　B. 私下插入消息和话题　　　C. 私下开小会　　　D. 哑场

2. 王小姐在作工作报告时，经常要花很长时间准备。准备材料的步骤不正确的是（　　）。

   A. 搜集所需的信息、事实和数字　　　B. 考虑好报告的时间长度

   C. 筛选信息并条理化　　　　　　　　D. 将所有内容转化为图片形式，加以整理

3. 可可在一份建议书中提出了自己对项目进展的一些看法，这种工作报告的形式属于（　　）。

   A. 中间形式　　　B. 平级形式　　　C. 从下到上形式　　　D. 从上到下形式

4. 琳达下周要向公司作报告，她很想知道哪种方法能帮他抓住听众的心理。不能帮助她抓住听众心理的方法是（　　）。

   A. 经常使用 PPT 配合她的陈述　　　B. 在陈述过程中，经常提一些具有启发性的问题

   C. 陈述中用很快的语速说话　　　　　D. 在结束一个话题后，做一些阶段性的总结

5. 小斌在撰写工作报告时，把与听众联系密切的内容注上重点符号，他这样做有助于（　　）。

   A. 传达更多信息　　　B. 展示个人能力　　　C. 吸引听众的参与　　　D. 突显个人兴趣

二、案例分析

　　最近的工作让晓宇非常郁闷。事情起源于他们部门下半年的任务安排——在任务指标上晓宇和李总经理的意见相差甚远。对于李总提出的指标，晓宇所领导的部门绝对不可能完成，晓宇反复地向李总解释理由，但是李总丝毫不考虑他的意见。这也是李总一贯的做法。他一旦发表了自己的意见就会将其视为不可改变的事实，根本不考虑下属的感受，更不会承认自己想法中的错误。最后万般无奈之下，晓宇只有同意。能不能在这里继续干下去，就取决于晓宇能否承担这些额外的任务。此后，晓宇对李总

的看法有了改变，部门中的事也不再向他寻求帮助和支持，李总也失去了第一时间了解团队动向的机会。

根据以上案例，回答以下各题。

1. 晓宇和李总谈判的最终结果应该属于（　　　）。

　　A. 双输　　　　　B. 双赢　　　　　C. 一赢一输　　　　D. 没有结果

2. 从案例中可以看出，李总属于（　　　）的人。

　　A. 处事果断　　　B. 优柔寡断　　　C. 专横武断　　　　D. 消极自卑

3. 不同谈判风格的人具有不同的特点，李总的谈判风格的特点是（　　　）。

　　A. 敢于负责，处事公平　　　　　B. 真诚坦率

　　C. 不知道想要什么　　　　　　　D. 不顾他人的感受

4. 不属于晓宇和李总的谈判结果的特点的是（　　　）。

　　A. 只有一方获得好处　　　　　　B. 双方都坚持各自立场

　　C. 双方都没有灵活性　　　　　　D. 损害了双方长期关系

5. 为了解决随之而来的难题，晓宇应该重新与经理进行谈判。晓宇能够采取的控制谈判进程的技巧不包括（　　　）。

　　A. 自我控制　　　B. 不谈主题　　　C. 不立即回应　　　D. 处事果断

扫描二维码，查看参考答案。

171

第Ⅴ单元　融入组织

一个人只有了解组织的运作才能更好地进行团队建设。而关于组织的理论使组织运作看起来错综复杂——因为这方面的著作如雨后春笋般层出不穷，让人眼花缭乱、应接不暇。虽然它们表现出来的形式各不相同，却有着相同的本质和主干。本单元会竭力将这些本质和精华呈现给你，在这之前你需要明确：

○　了解影响组织的因素可以使你在工作中更好地代表自己和团队的利益，从而更从容地面对组织的挑战；

○　确认组织的目标和现状，使组织朝着明确的方向发挥自己的实力；

○　有很多方法可以帮助你制定和评估组织的战略，你需要从宏观上把握它们并进行逐步协调；

○　了解组织的文化，你才能更清楚地认识到组织中哪些方面使你能够改变或受影响，而哪些不可以，这样你才能对组织的发展和自己的未来做出更明智的选择。

本单元将对以上问题做出更加详细地介绍。学完本单元，你将对组织的影响因素、目标、战略、文化有一个清晰的轮廓，从而更好地融入组织。

融入组织

14. 影响组织的因素
- 什么是组织 —— 组织的定义及各部门的基本职责
- 组织的现状分析
  - PEST分析法的概念及分析模型
  - 客户需求分析
  - 竞争对手分析
  - 组织 SWOT 分析
- 组织发展的推动因素
- 组织的利益相关者 —— ★内部外部利益相关者
- 组织面临的挑战

15. 组织的目标
- 组织的目标和价值观 —— 组织目标和价值观的概念
- 战略制定 —— ★Ansoff 矩阵的概念及四种战略
- 战略评估 —— 平衡计分卡的概念和使用方法

16. 组织文化
- 组织文化的构成和类型 —— 组织文化的类型
- 组织文化的重要性

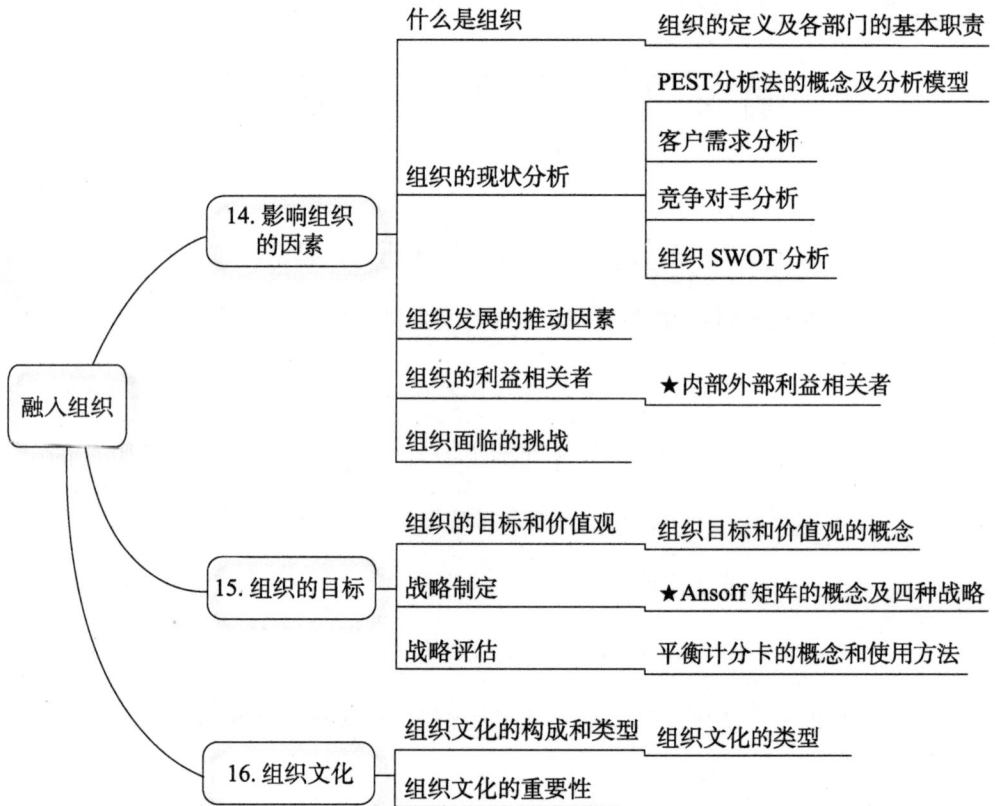

★代表本部分是案例重点考核内容。

扫描二维码，学习本单元概况。

第 14 章　影响组织的因素

学习目标

1. 了解组织的定义及其结构；
2. 了解推动组织发展的因素；
3. 了解组织面临的挑战和变化；
4. 掌握利益相关者的概念；
5. 重点掌握分析组织现状的几种方法。

学习指南

组织运作就像走钢丝，面对压力需要胆大心细。组织需要努力向客户提供满意的服务，需要采取办法吸引更多的顾客，但是这样一来就会增加成本。组织面临的根本问题就变成了如何用较低的成本提供高质量的服务。此外，我们生活在一个日新月异的时代，组织必须不断地变革以便于发展，否则就会被淘汰。

本章对组织做了简短描述，着重探讨组织所面临的某些压力和挑战，帮助大家了解周围事情发生的原因，以及所能采取的措施。

关键术语

组织的概念　PEST分析法　组织 SWOT分析　客户需求分析　竞争对手分析　组织发展的推动因素　利益相关者

14.1　什么是组织

我们可以采用下面的方式对组织做一个简单描述：

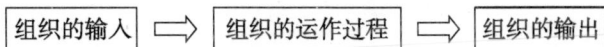

组织的输入　⟹　组织的运作过程　⟹　组织的输出

○　组织的输入——运作过程所必需的资源；

○　组织的运作过程——组织在生产产品或提供服务时所采用的方式；

○ 组织的输出——用以满足客户需要的产品或服务。

我们以一家开发应用程序的软件公司为例来说明，如表 14-1 所示。

表 14-1　组织的运作描述

输　入		运作过程		输　出
编码、数据、IT 技术 高科技设备 客户需求	⇒	软件开发	⇒	满足客户需求的软件

组织的输入和运作过程必须合理，这样才能保证输出的产品或服务令客户满意，否则就会失去客户的信任。失去客户，组织就无法生存下去。

然而，输出让客户满意的产品或服务，并不是运作一个组织的全部内容。组织必须置身于更广阔的世界里，不断地寻求机会，进行变革和发展，同时还要应对各种威胁自身利益和生存的事件。总之，任何组织都必须为生存而努力。

每个组织都有其不同的组成形式，为了了解组织的运行，就有必要了解组织的机构设置。图 14-1 是一个典型的组织结构图，它能够显示各部门联合起来共同输入资源、运作处理，最后交付输出的过程。

176

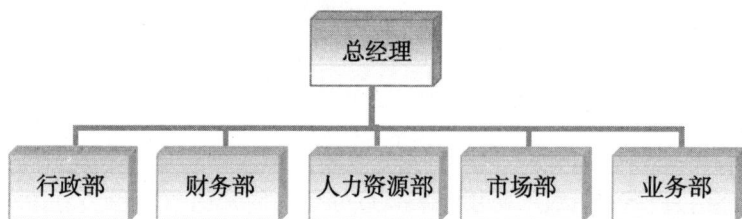

图 14-1　一个简单的组织结构图

对于规模较小的组织，我们很容易厘清组织结构的整体情况：在上述组织中，每个部门可能各由一位主管负责，而每一位主管都有可能是组织的副总经理。通常来说，每个部门有各自不同的基本职能，通过下面的表 14-2 可以对它们有一个大致的了解。

在规模较大的组织中，要想分析组织结构并不是一件容易的事，尤其是那些大公司，还会划分成不同的业务集团、部门、子公司等。

很多组织有许多下属的子公司和部门，业务也非常繁杂，外部人员很难识别组织内部不同机构之间的内在联系。其实它们都在母公司的统一领导下，遵循相同的运作方针，其组织结构的基本模式见图 14-2。

表 14-2　组织中部门的基本职责

部　门	基　本　职　能
总经理	全面主持工作，制定总体发展目标和计划
行政部	负责日常行政事务的组织与协调、档案管理、对外接待、后勤服务等
财务部	负责财务基础管理、资金管理和各项财务收支的计划、控制、核算、分析和考核
人力资源部	负责人力资源规划、员工招聘选拔、绩效考核、薪酬福利管理、员工激励、培训与开发、劳动关系协调等
市场部	负责产品的市场推广及开拓、销售策略制定与执行、产品信息跟踪等
业务部	负责公司直接销售业务

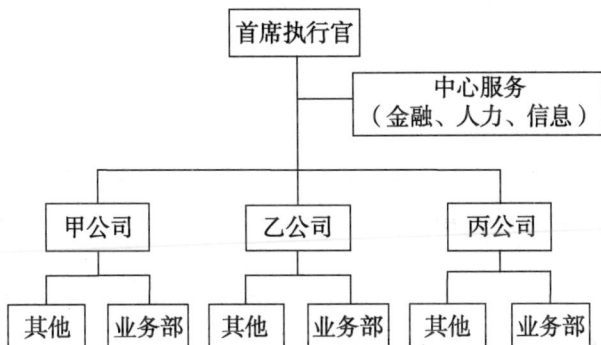

图 14-2　组织结构的基本模式

14.2　组织的现状分析

14.2.1　组织外部环境分析

在进行组织外部环境分析时我们可以使用 PEST 分析法。这是一种系统化的方法，不仅能够分析组织的外部环境对于战略的影响，而且能够识别对组织有冲击作用的力量。

下面的步骤与方法将会帮助你明白如何使用 PEST 分析法。

步骤与方法　PEST 分析模型

组织的宏观环境主要包括：政治法律环境（Political）、经济环境（Economic）、社会文化环境（Social）和技术环境（Technological）。因此可以从这四个方面分别考虑。

表 14-3　PEST 分析模型

政治法律环境	经济环境
○　政府政策 　　例如：国家路线、方针、地方性政策 ○　法律法规 　　例如：国际贸易规则、反垄断法、知识产权法、劳动和社会保障等） ……	○　区域经济状况 　　例如：经济发展水平、国民经济结构、人民消费结构和消费水平、市场供求状况 ○　货币政策 ○　利率、汇率 ……
社会文化环境	技术环境
○　民族构成和特征 ○　文化传统和价值观念 ○　教育水平 ○　就业结构 ○　生态环境 ……	○　科学技术发展水平 ○　新技术、新设备、新工艺、新材料的开发和利用 ○　技术创新能力 ○　产品生命周期 ……

　　PEST 分析通常采用头脑风暴的方法（可以参考 1.2.3"头脑风暴法"的相关内容介绍），参与人员将自己的所有想法都提出来——不管这些想法多么令人难以置信。然后，再分析这些想法的可行性，逐个对其进行研究，判断它们是重要的机会还是威胁。

14.2.2　客户需求分析

　　许多组织最终的目的都是能更好地为客户提供产品、服务，以满足其不断变化的需求，从而培养客户的忠诚度。而要满足需求，首先要知道客户的需求信息。获取这些信息主要有两个途径：外部获取和内部获取（见表 14-4）。

表 14-4　获取客户需求信息的途径

途径	具体途径	优　点	缺　点
外部获取	从外部环境变化中发掘	能为其他途径获得的信息提供可靠性的参考	信息分布广，而且具有隐蔽性
	从客户中直接获取	直接可靠	不同客户群体的需求差异大，所以工作量大
内部获取	管理者所掌握的信息	经过提炼，准确可靠	少且不容易得到
	组织内营销类部门有影响力的员工所掌握的信息	可靠性强，易于理解和接受	员工为保证自身利益，不会轻易将这些信息进行分享

续表

途径	具体途径	优　点	缺　点
内部获取	组织内营销类部门普通员工所掌握的信息	信息量大、及时、容易取得	分散，容易被忽视
	组织内非营销类部门掌握的信息	信息量大	分散，可靠性一般

以上这些途径有各自的特点。客户的需要决定了组织的决策和行为方式，各个组织都有专门收集客户信息的部门。下面的训练与练习帮助你思考组织中什么人与客户的关系最密切。

训练与练习　谁更了解客户

问题：

认真思考并列出在你所在部门中，通常负责获取客户需求信息、与客户联系最为密切的人是谁？

总结：

在不同的组织中负责与客户沟通的人员可能会不同，但一致的是他们都是组织与客户之间重要的纽带。因此，他们需要通过不同的途径掌握大量宝贵的信息，了解客户的想法。

调查显示，客户抛弃某个组织最主要的原因是：员工对客户态度冷漠或组织不能以客户要求的方式交付产品或服务。

组织与客户联络的具体方式包括下面几种：

○　面谈；

○　客户抽样调查；

○　问卷调查；

○　征求意见和投诉。

通常客户的期望值会不断增加。只有充分了解客户的需要，才能够决定：

○　组织应该提供什么；

○　所提供的服务和产品的标准。

14.2.3　竞争对手分析

组织有必要搞清楚竞争对手都在做什么，并且要确保自己提供的产品或服务是与众不同的，比如：

○　标新立异：提供一些有特色的产品或服务。例如，特斯拉汽车公司生产的新能源汽车；

○ 成本领先：提供一些低价位的产品或服务，使自己的商品以低价格战胜竞争对手；

○ 目标聚焦：向已定位的市场提供额外的产品或服务——通常是更昂贵的产品或服务，用以满足少数群体的需要。例如，专为 50 岁以上的人群提供特殊的产品或服务。

我们可以用三角形的三个顶点来说明这三个战略。美国专门从事战略研究的迈克尔·波特教授强调，成功的组织接近于三角形三个顶点中的任何一个，而最不利的位置就是"三角形的中央"。下面的训练与练习帮助你思考你所在组织采取什么样的策略。

训练与练习　竞争优势

问题：

在图 14-3 中，你认为自己的组织置于三角形中的什么位置？

总结：

上面的图解说明了波特所提出的竞争优势理论，这个理论强调了在竞争的时候，必须避免陷于"夹在中间"的不利地位。一个组织可以采取三角形顶点中的任意一种策略。

图 14-3　组织的位置

另外，迈克尔·波特还建立了"五力模型"来分析某个行业的竞争状态，其中最明显的竞争状态就是图 14-4 中心的"现存企业之间的竞争"。

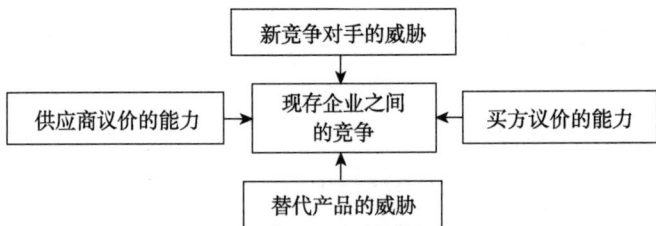

图 14-4　五力模型图

波特还明确指出，组织在考虑竞争时应该将周围的四种力考虑在内，比如：

1. "新竞争对手"是不是很容易或很可能出现

如果是的话，它们就构成了一种威胁。例如，小区内开的一个大型综合超市，对小区内原有的那家超市就是一种冲击。

2. 买方是否具有讨价还价的能力

"买方"一般指的是客户。客户是否具有讨价还价的能力取决于客户的类型。如果客户是由大量个体组成的，那么他们讨价还价的能力就非常差。如果客户是由屈指可数的几家大买主组成的，那么他们可以向供应商施加相当大的压力，促使价格降低。例如，农产品的价格本来已经非常低，但超市强大的购买力又迫使农民不得不继续降低价格。

3. 替代产品是否有可能构成威胁

例如对于邮政业务而言，电子邮件已经成为替代产品。

4. 供应商是否可以抬高成本

如果供应商数量很少，那么他们就可以抬高成本，从而最终降低组织的利润。比如，生产石油的公司提高了石油价格，石油加工行业除了付款之外别无选择；很少有产品能够与 Microsoft Windows 相抗衡，因此，微软公司在给产品定价时拥有绝对优势。

14.2.4　组织 SWOT 分析

研究组织目前所处阶段是一项搜集信息的过程，这个过程也可以称为"战略分析"，它包括对组织内外所发生的事件进行分析研究。组织只有在了解宏观情况的基础上才能够着手制定战略。组织在回答该问题时必须考虑：

○　自身的优势和劣势；

○　组织外部发生的所有机会与威胁。

1. 优势与劣势

正如每个人都有优点和缺点，组织自身也一样有优势与劣势（见表 14-5）。

表 14-5　组织的优势和劣势

组织的不同领域	优势的例子	劣势的例子
战　略	明确的战略可以激励所有员工	缺乏创造性思维——总是选择低风险的战略
员工及其技能	有稳定的队伍，注重员工培训	人员更替频繁
产品和服务	家喻户晓，信誉好	没有开发新产品和新服务
财　务	运营利润增加	为了给新项目筹措资金，债务累累
资　源	新的办公地点，有效的信息系统	过时的软件系统
体　制	以客户为导向，强调团队合作	僵化的等级制度，不适于变化

团队成员和接近团队的人都会对团队的优势和劣势有所了解。所以组织真正了解当前状况的最佳方式是让每个团队分析自身的优势和劣势，然后将结果汇总起来。但是，

要想使该流程运作起来，组织各级人员间必须存在有效的沟通渠道。

从个人角度来看，你只有发现并认同自己团队的优势和劣势，才能够掌握团队的情况。

2. 机会与威胁

外部环境产生的变化往往会超出组织的控制范围。对任何一家组织而言，这些变化可能包括：

- ○ 机会——有利于组织朝既定目标迈进的事件；
- ○ 威胁——有可能导致组织出现问题的事件。

对于任何一个组织来说，都必须警惕威胁，捕捉机会。

3. SWOT 分析法

搜集到所有信息后，必须对其进行全面分析，常用的方法之一是 SWOT 分析法。在1.4 中我们将这种方法运用于对个人的分析，对组织来说这种方法同样适用。运用 SWOT 分析法进行组织的分析可以遵循以下步骤：

- ○ 通过判断组织优缺点来分析组织内部情况；
- ○ 识别外部环境的机会和威胁（竞争对手、PEST 分析法）；
- ○ 确定对客户至关重要的因素——客户最重视什么，其次是什么，以此类推。例如对零售店来讲，对客户重要的因素可能是价格、店内环境、业务娴熟的员工等；
- ○ 从客户的角度分析组织的优势和劣势在哪里。对零售商来说，如果顾客认为价格是最关键性的因素，而零售店却认为自己的主要优势在于店面形象和环境，那肯定不能满足顾客的需求；
- ○ 提出这样的问题：机会和威胁成为现实的可能性多大，它们的潜在影响是什么？例如，如果一家零售店了解到两年内一家同类的商店要在临近地区开张，那么这无疑是一个威胁，它的潜在影响就是造成销售额下降；
- ○ 利用问题的答案拟定战略。例如，通过提出下列问题：
  - （1）如何利用优势来创造机会？
  - （2）如果机会非常诱人，那么是否需要对某些缺点做出改正？
  - （3）对成功构成最大威胁的是什么？
  - （4）是否可以用优势来对抗威胁？

搜集信息并非是一次性的活动，组织要建立持续搜集和分析信息的系统，这样就能够：

- ○ 在制定新战略或坚持旧策略时有现成的信息可供利用；
- ○ 时刻把握新的机会或警惕新的威胁。

下面的训练与练习将使你对自己所在组织的优势和劣势进行分析。

训练与练习　组织的 SWOT 分析

指导：

练习分为两个部分：

第一部分集中于对组织的思考，要求你：

○　总结出组织的总体目标；

○　总结出组织的优势、劣势、机会和威胁

第二部分集中于对团队的思考，要求你对自己的团队开展 SWOT 分析。

问题：

第一部分　组织的 SWOT 分析

○　本组织的目标是什么？找出组织的使命、目的或目标及其价值标准（你可以在宣传册、内部报告或组织网站上查到。它们使用的专有名词可能与我们有所差别，但是你应该能够发现关于组织发展方向的明确表述）；

○　组织是否在实践自己的价值标准？用一个典型的实例来支持你的答案。

○　把组织看作一个整体。你认为：

（1）组织的两大主要优势是什么？

（2）组织的两大主要劣势是什么？

（3）外部环境中，你可以用来当作优势的机会是什么？

（4）必须抗衡的威胁(既可能来自竞争对手，也可能来自整个外部环境)是什么？

（5）征求组织中其他人的看法。他们的观点与你的观点相同还是完全相反？如果相反，你认为原因是什么？

第二部分　团队 SWOT 分析

你可以在团队会议上与自己的团队成员共同完成这项练习。根据你对自己团队的了解以及在本章中学到的知识，识别：

○　团队的主要优势：_____

○　团队的主要劣势：_____

○　团队的所有潜在机会(组织之内团队之外发生的事都可以归为"外部")：

_____

○　团队的所有威胁(着眼于组织之内团队之外发生的事情)：

_____

总结：

这个训练与练习帮助你更深刻地理解组织的战略以及团队的优势、劣势、机会和威胁。这将为团队及组织实现其战略目标奠定基础。

14.3　组织发展的推动因素

所有组织的经营目的都是为了服务客户，为向客户提供满足其需要的服务和产品，从而给自己带来利益。因此组织的奋斗目标归纳为以下主要内容（见图 14-5）。

⇑ 提高客户满意度
⇑ 增加收益
⇓ 降低营业成本

图 14-5　组织的奋斗目标

组织对这些目标的不断追求推动了组织的发展。在私营组织中，除了上述因素外，还有另一个推动因素，那就是追求利益相关者或投资者利润的增加。

下面的训练与练习要求你从团队领导的角度思考组织发展所追求的根本目的。

训练与练习　组织发展的根本目的

问题：

你认为团队领导的主要压力和组织发展的最终目的分别是什么？你可以在下面的提示中进行选择：

○ 提高客户满意度；

○ 降低营业成本；

○ 尽量增加收益；

○ 尽量增加利润。

总结：

作为团队领导，你的职责可能是提高客户满意度和降低运营成本，甚至可能需要由你制定收益目标。组织类型不同，推动组织发展的因素也会不同。在私营组织中，最先追求的是提高利润，其他所有目标都服务于此。在公共服务组织中，最终目标可能会变成在既定的预算范围内提供优质的服务。

更多满意的客户 ⇒ 促成收益增加

收益增加＋营业成本削减 ⇒ 利润增加

14.4　组织的利益相关者

利益相关者是能够影响一个组织目标的实现或者受组织实现目标过程影响的个人或者团队。

不同的利益相关者也各不相同，下面的训练与练习帮助你思考组织的利益相关者都有哪些。

训练与练习　利益相关者

问题：

组织的利益相关者有哪些？（利益相关者既有来自组织内部的，又有来自组织外部的。因此可以分为两个部分来思考。）

总结：

表 14-6 是组织内部的利益相关者：

表 14-6　组织内部的利益相关者

利益相关者	所有者	高级管理人员（董事会、股东） ↓ 团队领导（管理层） ↓ 团队成员（普通员工）
利　益　点	关心获得利润	关心是否拥有可观的收入、稳定的工作和舒适的工作条件、充足的发展机遇

上述利益相关者被称为内部利益相关者是因为他们都希望从组织中获益，也就是说，他们在组织中拥有既定利益。内部利益相关者想要成功实现自己的利益，就要对其他利益相关者负起一定的责任。团队领导对经理所负的主要责任在于管理团队，使之实现预定目标。而经理对团队领导所负的主要责任在于保证目标的可行性，以及保证团队有足够的资源用来提供产品和服务。团队领导对团队成员所负的主要责任在于有效地领导团队完成既定目标。

每个组织还会有外部的利益相关者。外部的利益相关者对组织同样拥有既定利益。例如，某制造企业有一些游离于组织之外的利益相关者，包括上游供应商、下游分销商、消费者、政府部门、行业调控者和社区居民等（见表 14-7）。

表 14-7　外部利益相关者

利益相关者	责任的既定利益
供应商和分销商	保证遵守合同，随着组织的成功共同获益
消费者（客户）	向其出售满意的产品和服务
政府部门	遵守法律法规，并且主动纳税
行业调控者（如行业协会）	遵守行业规范和业务法规，推动行业发展
社区居民	尽量扩大就业机会；保护社区环境

其中最重要的必然是客户，因为客户决定了组织的业务、工作岗位和利润。但是任何组织都必须将所有利益相关者的既定利益考虑在内。

利益相关者之间必然会产生冲突或者至少存在某种紧张局面。下面描述的这些组织都过于理想化，是不可能存在的：

○ 拥有满意度为 100% 的员工；

○ 客户从来不投诉；

○ 拥有永远忠诚的客户；

○ 外部利益相关者从来不向高级管理人员施加压力。

组织经营的宗旨就是要平衡各种既定利益相关者，使组织能够正常运作，最终使收益增加、成本降低并获得最大的利润。

组织中的人员可能会有这样一种感觉：自己兢兢业业地努力缩减营业成本，努力提高客户满意度，但是却没有人考虑过自己的既定利益。如果这种冲突得不到缓解的话，组织的运行最终将会失去平衡。其后果将是组织的人员不能把工作重点放在满足客户的需求上，而是陷入内部利益的冲突中。那么不但客户的利益受损，所有利益相关者的既定利益最终都会有损失。下面的案例与讨论说明了利益冲突的情形。

案例与讨论　利益相关者及利益冲突

库珀是某农机公司的总裁。该公司 2016 年销售额为 5000 万元；2017 年达到 5500 万元；2018 年销售额为 5900 万元；2019 年预计 6500 万元。每当坐在办公桌前翻看这些数字、报表时，库珀都会感到踌躇满志。

一次例会上，库珀召集了所有销售经理，对目前和今后的销售形势进行了预测分析。一些人指出，农业机械产品虽然有市场潜力，但消费者需求的趋向已经有所改变，公司应针对新的需求增加新的产品种类，来适应这些消费者的新需求。况且现在已有多家公司在生产同样的产品，价格也会成为消费者选择是否购买的因素之一。所以各地经销商集体提出希望公司增加产品种类。

库珀听完了各经销负责人的意见之后，心里便很快计算了一下：新产品的开发首先要增加投资，然后需要花钱改造公司现有的自动化生产线，这两项工作耗时约 3～6 个月；而增加生产品种同时意味着必须储备更多的备用零件，并根据需要对工人进行新技术的培训，投资又进一步增加。

库珀最终决定暂不考虑增加新品种的建议，目前的策略仍是改进现有的品种，以进一步降低成本和销售价格，挖掘现有的市场潜力。他相信，降低产品成本、提高产品质量并开出具有吸引力的价格，将是提高公司产品竞争力最有效的法宝，因为客户们实际考虑的还是产品的价值。

问题：

试着找出上述案例中的利益相关者以及他们的利益冲突。

总结：

利益相关者是指能够影响一个组织目标的实现或者受组织实现目标过程影响的个人或者团队。组织的利益相关者分为外部利益相关者和内部利益相关者，内部利益相关者一般包括组织管理人员和普通员工等企业内部人员；外部利益相关者一般包括利益关系的供应商和分销商、消费者、政府部门、行业调控者和社区居民等。"政府部门""各地经销负责人"分别属于该公司的外部利益相关者和内部利益相关者。

14.5　组织面临的挑战

大多数组织面临最大的挑战就是变化。现代社会，变化发生得越来越快。在过去 10 年里，人们的生活发生了翻天覆地的变化。

○　通信：移动电话、互联网络等大大改变了人们交流的方式，缩短了信息传递的时间；

○　生活：全天候服务、网上购物等使人们的生活更加便利；

○　教育：网上学习、多媒体教学等提供了多种多样的学习方式；

……

表 14-8　组织变化的原因

组织外部变化	导　致	组织内部变化
客户需求，如新产品和新服务 市场变化，如全球一体化 技术进步，如新技术的开发与应用 劳动力供应（紧缺或者过剩） 竞争对手当前的业务状况 提高利润额的要求	⇨	工作程序的变化 对新技术的需求 组织重组 增员或裁员 新的经营策略

认为变化只是组织某个阶段具有的临时特征是一个严重的错误。因为变化无处不在。作为消费者，看到的只是输出的变化，即新服务或新产品的出现；而员工通常是变化发

生的一个因素。

通常情况下，组织的内部变化都是由外部因素引发的。

组织的变化需要时间，如果等到变化的外部征兆变成现实，那么一切都为时已晚。此时，竞争对手可能已经抓住机遇，并已经适应了新的挑战。因此组织必须不断展望未来，审视影响组织的外部因素，掌握这些因素变化的方向。

下面的训练与练习要求你结合前面学习的内容思考组织中存在的各种问题。

训练与练习　组织中的各种问题

问题：

本练习由三部分组成，它要求你：

○　思考自己的组织以及自己在组织中的定位；

○　评估自己组织的利益相关者；

○　思考组织所面临的压力以及应对压力的方法。

第一部分　组织与个人

○　组织的输入、运作过程和输出各是什么？

○　你如何描述组织的输出？也就是说，组织向客户提供什么样的产品和服务？在回答上述问题时，将重点放在自己的工作上，如你的部门、你的团队。

○　你的部门在组织中处于什么位置？画一张简单的组织结构图，说明各部门在组织中的定位。

第二部分　利益相关者

○　在你的组织中，利益相关者是谁？将利益相关者列在表14-9中，注明他们的既定利益。

表14-9　组织中的利益相关者及其利益

组织的利益相关者	利益相关者的利益

○　你个人有哪些利益相关者？他们对你有哪些期望？你对他们又有哪些期望？他们包括组织内部人员（例如，你的团队、经理、组织中的其他人员）以及使用你团队提供的服务和产品的客户。尽量描述得详细一点。

表 14-10 个人的利益相关者

你的利益相关者	利益相关者对你的期望值	你对利益相关者的期望值

第三部分 压力与回应

记录下你的利益相关者之间曾出现过的紧张状态。

○ 在过去 5 年中，你的组织所面临的主要变化与压力是什么？

○ 在过去 5 年中，你的组织是如何对上述压力做出回应的？

总结：

这个训练与练习将帮助你深入思考自己的组织、组织的利益相关者以及组织面对的变化与压力。对这些问题的深刻理解有助于你在更高的层次思考组织的目标、战略及文化的问题。

本章小结

想要了解影响组织的因素首先需要知道什么是组织并对其运作、结构有清晰的认知。其次可以通过对外部环境、客户需求、竞争对手和组织自身进行分析得到组织现状的客观认识，这里需要掌握 PEST 分析法和 SWOT 分析法两种分析工具。通过分析组织发展的推动因素、了解组织的利益相关者和可能面临的挑战促使组织不断变革以获得更好的发展。

思考与练习

1. 根据你的理解，你认为组织的概念是什么？组织中各部门的基本职责都有哪些？
2. PEST 分析法的分析模型是如何划分的？
3. 获取客户需求信息的途径有哪些？
4. 企业竞争优势有哪些？
5. 简述运用 SWOT 分析法时需要遵循的步骤有哪些？
6. 组织利益相关者包括哪些人？

第 15 章　组织的目标

学习目标

　　1. 了解组织目标、组织价值观的概念；

　　2. 掌握 Ansoff 矩阵的概念；

　　3. 重点掌握平衡计分卡的概念及使用方法。

学习指南

　　大多数组织都需要发展自己，但是组织的发展不是无序的、毫无目的的。组织究竟该如何发展？如何为组织选择符合自身的目标？这个问题虽然没有统一的标准，但是有一个共同的核心就是制定一个战略，同时留心身边的变化，在必要时调整自己的战略。只有找到通往目标的方向和方法，才能有效地促进组织的发展。因此了解自身和自身的外部环境，制定符合自身的长期经营战略并且认真加以实施和评估，对于促进组织发展是至关重要的。

关键术语

　　组织的价值观　战略制定　Ansoff 矩阵　鱼骨图　战略评估　平衡计分卡

15.1　组织的目标和价值观

　　组织要发展，必须考虑未来，并规划自己在五年、十年甚至更长时期的发展。只有眼光长远的组织才能提出相应的战略，也就是我们通常所说的有关组织使命、组织目的或目标的一些决策。关于战略的制定，我们可以参考下面两个例子：

　　○　家乐福（Carrefour）：世界知名零售商，它的战略为："我们全部的努力都围绕着满足顾客需求这一核心。我们的使命是在我们的每一个市场中成为现代零售业的楷模。"

　　○　沃达丰（Vodafone）：世界最大的移动通信公司之一，其战略为："沃达丰志在成为世界一流的无线电通信和信息提供者，比任何一家竞争对手开发更多的客户、提供更多的服务、创造更多的价值。"

　　战略的含义不应该仅仅拘泥于利润,战略有更丰富的内涵——它必须能够说明组织的终极追求。如果是私营企业,你可以在陈述上补充说明,组织制定此目标的目的是为了盈利,同时在竞争中处于领先地位。

　　许多组织都拥有一套约束自身行为的价值标准或行为理念。这些价值标准和行为理念就是我们所说的价值观。下面是一个关于价值观陈述的案例与讨论。

案例与讨论　华为的价值观

　　华为公司的核心价值观蕴涵着华为公司的愿景、使命和战略。华为公司的愿景是丰富人们的沟通和生活。使命是聚焦客户关注的挑战和压力,提供有竞争力的通信解决方案和服务,持续为客户创造最大价值。战略是四个方面:①为客户服务是华为存在的唯一理由;客户需求是华为发展的原动力。②质量好、服务好、运作成本低,优先满足客户需求,提升客户竞争力和盈利能力。③持续管理变革,实现高效的流程化运作,确保端到端的优质交付。④与友商共同发展,既是竞争对手,也是合作伙伴,共同创造良好的生存空间,共享价值链的利益。

　　问题:

　　华为的成功与公司的核心价值观有什么关系?

　　总结:

　　一个企业的成功,根源于企业家的胆识和追求,在于企业家的价值观和胸怀,企业家依据自己的追求和价值准则建立公正的价值体系和价值分配制度,并凭借这一体系和制度吸引和积聚优秀人才,建立严密的、有高度活力的组织,形成有高度凝聚力和高度文明的企业文化。

　　如果把组织比喻成一支射向目标的箭(即使命、目的),要想使这支箭能够准确命中目标,那么箭的形状非常关键。而组织的价值观就好比是这支箭的形状:他们规划出组织的愿景,实际上就是在塑造箭的形状。组织的目标决定了组织的核心价值观,而组织的核心价值观必须能够体现组织的目标,由组织核心价值观产生的组织服务理念和行为准则为组织目标提供了强大的行为保证,所以价值观有助于组织界定员工的行为规范。

　　许多成功的组织都确保自己的价值观能够被整个组织所分享并付诸实施。尽管价值观大多由员工来付诸实施,但是这一用以巩固利益相关者与组织关系的价值标准与所有的利益相关者都密切相关。比如,家乐福的价值观"充分运用我们的技能,创造企业的价值,并在我们的顾客、员工、股东、合作伙伴及供应商之间分享"界定了对待客户、供应商、员工等利益相关者的方式。表 15-1 是美国国税局的一项调查结果，它显示了被调查的组织对价值观在巩固本组织与部分利益相关者之间的关系中发挥作用的认可程度：

表 15-1　认可程度表

利益相关者	非常重要（%）	相当重要（%）
员　工	65	32
客　户	70	18
供应商	23	44
投资者	30	35

15.2　战略制定

组织在制定战略时，必须找到由当前阶段通往预期目标的途径，这就涉及决策的制定、各部门目标和计划的制订。

15.2.1　战略和战略分析

组织要针对自己的整体业务制定公司整体战略。首先必须确定：

○　如何增加利润；

○　如何增加市场份额；

○　如何战胜竞争对手。

根据搜集的信息，组织可以制定自己的战略。虽然组织各不相同，但是所有组织的战略一般包括：

○　组织的潜在客户是谁（组织会瞄准现有市场或移向新市场）；

○　组织提供的服务和产品是什么（它们与以往的差异是什么，是否需要开发新的产品和服务，现有产品和服务是否仍然有生命力）。

伊格诺·安索夫（Ignor Ansoff）设计了一套框架，来代表组织企图使获利成长的四种选择，框架的主要逻辑是组织可以选择不同的战略来达到增加收入的目的。他将组织针对产品或服务的四大主要战略加以归类。这就是 Ansoff 矩阵，也叫产品市场多元化矩阵（见图 15-1），图中的内容可以帮助你掌握 Ansoff 矩阵这个概念。

1. 市场渗透战略

该战略相当保守，它以现有的产品面对现有的顾客，通过促销或提升服务品质等方式来说服消费者改用不同品牌的产品，或是说服消费者改变使用习惯、增加购买量，以提高产品的市场占有率。

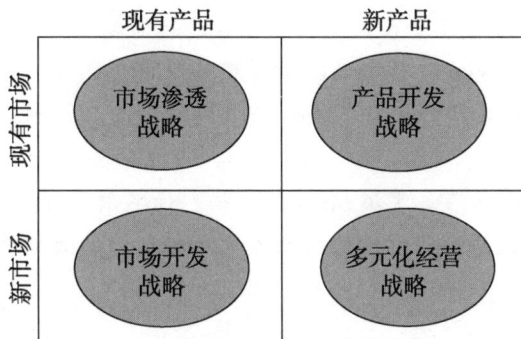

图 15-1　Ansoff 矩阵

2. 市场开发战略

该战略涉及寻找新市场和新客户。组织必须在不同的市场上找到具有相同产品需求的使用者。在使用该战略时往往会调整产品定位和销售方法，但产品本身的核心技术不作改变。

3. 产品开发战略

该战略是向现有客户提供新的产品和服务。通常是扩大现有产品的深度和广度，推出新一代或是相关的产品给现有的顾客，提高品牌在市场中的占有率。

4. 多元化经营战略

开发新的产品和服务，并且将它们销售到新市场，该战略风险性最大。

下面的步骤与方法将会帮助你明白掌握 Ansoff 矩阵的核心步骤。

步骤与方法　Ansoff 矩阵的核心步骤

Ansoff 矩阵可以帮助组织进行战略选择，但在使用这个工具时必须掌握它的核心步骤：

○ 首先考虑在现有市场、现有产品是否还能得到更多的市场份额（市场渗透战略）；
○ 考虑是否能为其现有产品开发一些新市场（市场开发战略）；
○ 考虑是否能为其现有市场发展若干有潜在利益的新产品（产品开发战略）；
○ 考虑是否能够利用自己在产品、技术、市场等方面的优势，根据物资流动方向，采用使组织不断向纵深发展的一体化战略。

训练与练习　Ansoff 矩阵

问题：

○ 根据 Ansoff 矩阵，回答下列组织运用的是什么战略？

（1）Mars 公司正在使用 Mars 棒棒糖等自产的糖果产品制作冰淇淋；

（2）维京公司靠空白磁带发家，现在其业务遍及运输、无线电通信、旅游度假、能源化工、金融服务、网络游戏、化妆品、学生服务等行业。

○ 你所在组织的业务部门采取了 Ansoff 矩阵中的哪项战略？

总结：

此训练与练习帮助你学习与掌握 Ansoff 矩阵。你不仅要学会识别不同组织采取的不同策略，而且必须运用理论对你自己的组织或你所在部门的战略作出决策。

15.2.2 计划和目标

组织通常被划分成若干个部门，例如营业单位或运营公司。每一个部门都可以利用类似组织制定战略的方法来制定各自的战略。但是，各个部门之间必须互相协调、相互配合（见图 15-2）。

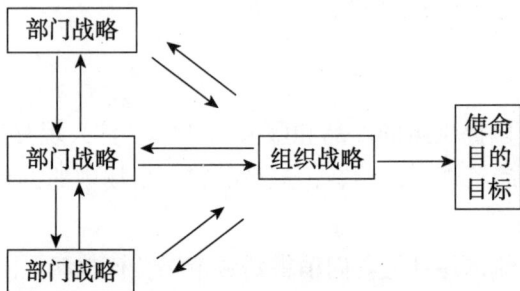

图 15-2　组织内部的战略

图中的箭头代表信息沟通渠道。从图中可以看出，组织战略为部门战略规定了方向。每个部门都会将有关自己部门的优劣势、客户详情以及外部环境等信息输入到组织战略所开发搜集的信息中。部门之间也必须保持沟通，以确保它们的战略有利于组织战略的制定和使命的最终完成。

部门下属的运营单位在制定战略时也需要完全遵循上述流程（见图 15-3）。

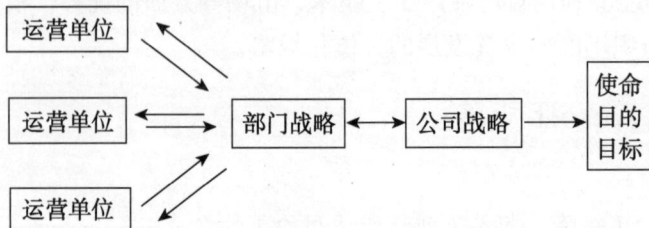

图 15-3　部门下属的运营单位战略

组织的战略需要分解为各部门的战略，部门战略又需要分解为团队的战略和个人的战略。这个战略分解的过程（见图 15-4 ）。

组织中的每个部门都必须找到自己的定位，都要朝着同一方向推进，最终实现共同的目标，这就是所谓的合作和协调。团队目标必须同组织目标一致，必须能够为组织目标的实现贡献力量。

在实践中进行战略目标分解有很多种方法，这里介绍一种比较常用的方法：因果关系图。在使用该图进行分解的过程中人们喜欢层层分解，最终形成类似鱼骨的形状，所以它又被称为鱼骨图。通过下面的案例与讨论来说明因果关系图在目标细化中的运用。

组织的目标和计划
⇩
各部门的目标和计划
⇩
团队的目标和计划
⇩
个人的工作目标

图 15-4　目标和计划的分解

案例与讨论　目标分解鱼骨图

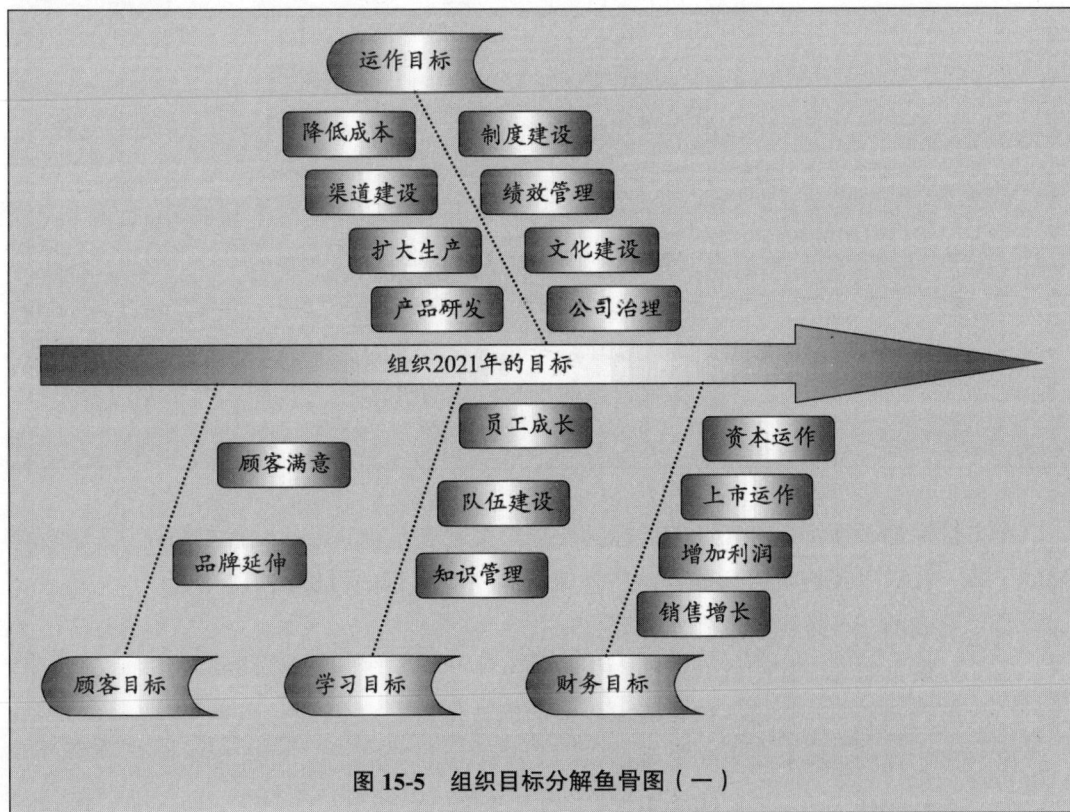

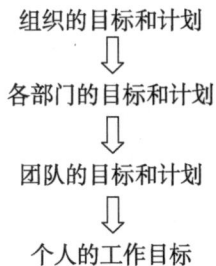

图 15-5　组织目标分解鱼骨图（一）

运作目标

降低成本　　制度建设
渠道建设　　绩效管理
扩大生产　　文化建设
产品研发　　公司治理

组织2021年的目标

员工成长　　资本运作
队伍建设　　上市运作
　　　　　　增加利润
知识管理　　销售增长
顾客满意
品牌延伸

顾客目标　　学习目标　　财务目标

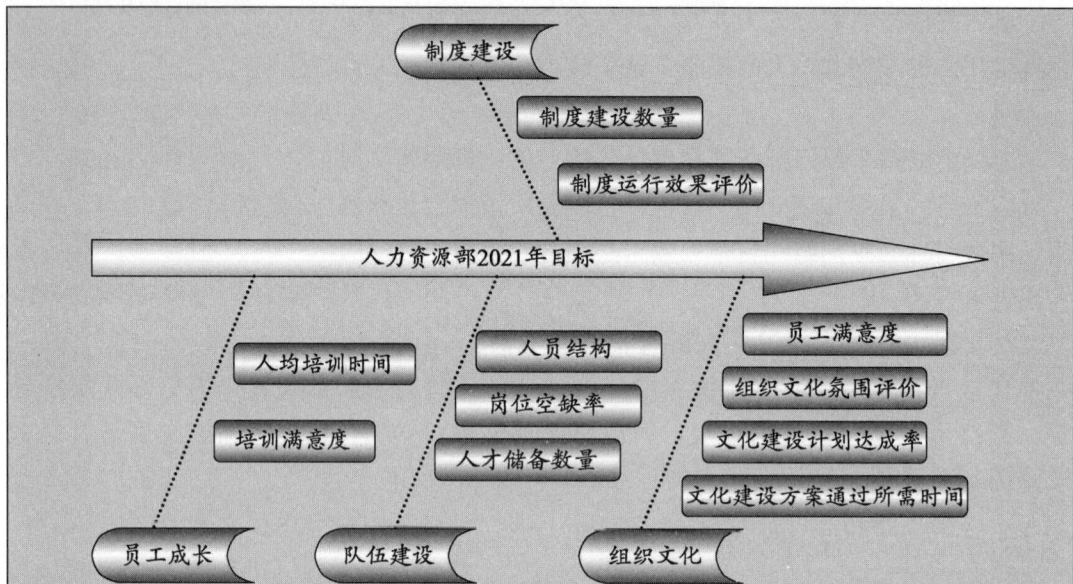

图 15-6　组织目标分解鱼骨图（二）

图 15-5 是运用因果关系图分解战略目标的一部分内容。实际上图 15-6 之后仍然可以进行一系列的细分，直到将组织战略目标分解到个人的工作目标。

问题：

参照以上方法，将你所在组织的目标进行分解。

总结：

在利用因果关系图进行目标细化时需要注意：把你需要细化的大目标放在鱼骨的前端，然后根据重要程度对实现大目标的小目标进行依次排列，并在此基础上对还可以分解的小目标进行逐一分解。

所有目标都必须符合 SMART 目标的要求。关于 SMART 目标设置我们在 3.2 中有详细的了解，在这里我们可以用同样的方法来衡量一个组织的目标：

○　明确的——必须实现具体内容；

○　可衡量的——有衡量的标准和依据；

○　可达到的——必须征得实际操作者的同意；

○　可实现的——不超出约束条件；

○　有时间规定的——有明确限期。

　　理论听起来很简单，但实际上分目标是否能够恰到好处地为实现总目标服务，并且使它们具有关联性是非常困难的。例如：

- ○　组织的政策必须能够支持价值观。举例来说，如果制定的价值标准与奖励突出业绩有关，那么晋升就必须严格地以业绩考核为基础；
- ○　员工必须共同设计有效的流程。例如，由跨部门合作来保证流程自始至终都奏效；
- ○　分目标必须对总目标起推动作用，即目标必须在各级之间公开交流；
- ○　有足够的资源支持各项战略和计划。这要求各级的预算必须有效；
- ○　必须有实现目标所需要的技能。在实践中，它的含义是整个组织将员工视为投资，而不是支出。

15.3　战略评估

　　评估组织成功与否的传统做法就是看获利多少。但是，这种做法存在两个主要弊端：

- ○　无论所公布的财务成果多么不尽人意，我们都无能为力；
- ○　不同利益相关者对成功的界定各不相同，例如：

（1）客户：快速高效的服务；

（2）所有者：利润多多益善；

（3）员工：发展的机会以及相当不错的工作条件和薪酬。

　　现在，组织可以用更多的方式来评估自己当前的业务：

- ○　实时评估——即组织通过评估来随时监测事情的进展，这是发现错误马上挽救的最佳方式；
- ○　全方位评估——因为组织意识到，任何事情都不是孤立发生的，如果一个领域出现了错误，那么它必然会波及其他领域。换言之，各单位之间的协调性很重要。注意，必须在计划编制阶段就决定应该评估哪些方面，以便将其融合到计划中去。

　　你所在的组织是如何评估目标是否实现的？下面的训练与练习帮助你思考这个问题。

训练与练习　评估的方式

　　问题：

- ○　有这样一种说法："做什么评估什么。"你是否认同这种说法？
- ○　你的组织是否也采取这样的观点行事？

　　总结：

　　组织在判断自己是否达到目标的时候，必须非常慎重，因为这涉及一系列的标准及评估过程。评估过程不但能够判断组织是否达到了目标，更重要的是，评估是事关组织战略的大事。

评估是一个非常复杂和系统的过程，主要涉及：

○ 为项目设定评估标准；

○ 搜集更多信息用以判断是否达到标准；

○ 决定如何搜集和利用信息（何时搜集信息、信息的确切内容、执行人、何时审查信息、必须通知何人等）。

在评估过程中可以有以下几个方面的标准：

○ 客户为先；

○ 员工满意；

○ 财务评估；

○ 综合评估。

15.3.1 客户为先

组织必须保证客户满意，必须能够向客户提供他们期望的服务或产品，这样客户才不会倒戈投向竞争对手。以客户为先是设定评估标准时必须考虑的基本问题。下面的案例与讨论探讨了以客户为先设计评估标准的问题。

案例与讨论 以客户为先

某食品公司认为吸引顾客的一个主要手段是提供精美的包装礼盒。于是他们定制了数款高档包装礼盒，此后对顾客进行回访调查也显示出了很高的满意度。但令他们困惑的是顾客的回购率并没有因此而增加。

问题：

为什么会出现这样的结果？

总结：

该公司并没有向顾客征询最吸引乘客的服务是什么，只是想当然地强调包装的精美。如果顾客并没有送人的意愿或者并不在意外包装，那么由此得出的结论（增加外包装的精美度）只是一种增加成本的浪费行为，没有得到失去顾客原因的任何信息。这样的评估标准是没有意义的。

因此，在制定标准前，你必须明确客户最关心的是什么。也就是说，客户最关心的问题应该由客户说了算，而不能由组织凭空妄加推测。标准一经确定，组织就必须根据现有资源的掌握情况为每个标准设定目标。例如（仍以上述案例为例讨论）：

○　95%的客户希望自己的业务在 15 分钟之内得到受理；

○　80%的客户自始至终都是由同一个助理接待；

○　所有客户都要对客户服务助理的表现表示满意。

上述客户要求的标准分属两种不同的类型：

○　硬标准——是指可以直接计量的标准；

○　软标准——由于软标准是基于客户感受的，所以无法设定量化标准。

下面的案例与讨论说明客户的需求如何转化为标准，并且帮助你思考硬标准和软标准的区别。

案例与讨论　客户要求与服务标准

某购物网站根据市场调查得知：前来咨询的客户希望客服做到以下几点：

○　能够在五分钟内处理客户提出的问题，而不是只有自动回复；

○　客户服务人员必须能正面解答他们的疑问而不是一味推脱；

○　能够及时了解活动的最大力度而不是花冤枉钱。

问题：

得知这些资料后，该网站应该如何着手处理？可以转化为哪些标准？其中哪些属于硬标准，哪些属于软标准？

总结：

首先将上述要求转化成下列标准：

○　2 分钟之内客服到位，如果咨询量大，先告知客户并取得谅解；

○　主动对顾客告知现在的相关活动以及优惠券的领取方式；

○　客户服务人员必须能够提供各方面的服务，遇到无法解决的问题时与上级协商；

○　客户服务人员必须始终礼貌服务。

前两个属于硬标准。你可以通过搜集数字信息来确定每个标准是否达到既定目标。最后一个标准中的"满意"要根据客户的不同要求由其主观确定，不是一个量化的指标。

15.3.2　员工满意

组织在实现目标的过程中最重要的是使客户满意。客户满意与员工满意是紧密联系的，如果自己的员工怨气非常大，很难想象能够使客户满意。图 15-7 是二者满意很重要的一个良性循环：

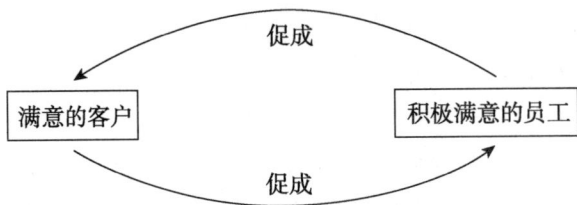

图 15-7　满意客户和满意员工的关系

只有员工积极主动，才会有客户的满意。如果我们具备可行的措施来激励和满足员工，那么必然有利于提高客户满意度。

组织应该主动在大家公认的有利于提高员工福利和积极性方面设立标准。下面的训练与练习帮助你思考如何提高员工的积极性。

训练与练习　提高员工积极性

指导：

以下是一些有利于提高员工积极性的因素：

○　鼓励学习和不断进步；

○　提供大量的支持；

○　鼓励自我评估。

问题：

为了检查组织是否在这些领域支持员工，评估的内容可以包括哪些方面？

总结：

你可能考虑过利用绩效评估系统进行评估。此外，你还可以直接询问员工对上述各方面的满意程度，以了解员工的满意情况。许多组织会定期实施员工满意度调查来获取该方面的信息。

15.3.3　财务评估标准

财务评估至关重要，它是评判组织是否实现目标的直接依据。财务评估主要依据资产负债表、损益表和现金流量表进行，可以根据它们得出一些可参考的衡量指标（见表 15-2）。

通过定期对各项财务指标的监测和审查，组织可以确定是否实现了预期的目标。举个例子，资产收益率表明组织资产利用的综合效果。该指标值越高，表明资产的利用效率越高，否则相反。关于这些财务指标和财务评估的知识，可以参阅《资源与运营管理》第 Ⅱ 单元的内容。

表 15-2 财务评估的指标

类别	财务效益状况	资产营运状况	偿债能力状况	发展能力状况
具体 指标 举例	资产收益率 资本保值增值率 总资产报酬率 营业利润率 成本费用利润率	总资产周转率 流动资产周转率 存货周转率 应收账款周转率	流动比率 速动比率 现金流动负债比率 资产负债率 长期资产适合率	营业增长率 资本积累率 总资产增长率 固定资产成新率

15.3.4　综合评估——平衡计分卡

现在许多组织使用"平衡计分卡"（BSC）的方法来进行组织的绩效评估和战略的实施。平衡计分卡从四个不同角度（财务、客户、内部流程、学习与成长）来衡量组织的业绩和战略。它将组织的战略目标逐层分解为各种具体的相互平衡的考核指标，并对这些指标的实现状况进行不同时段的考核。这种技术可以使组织获得更加全面的信息。它提倡从以下四个角度进行考核和评估（见图 15-8）。

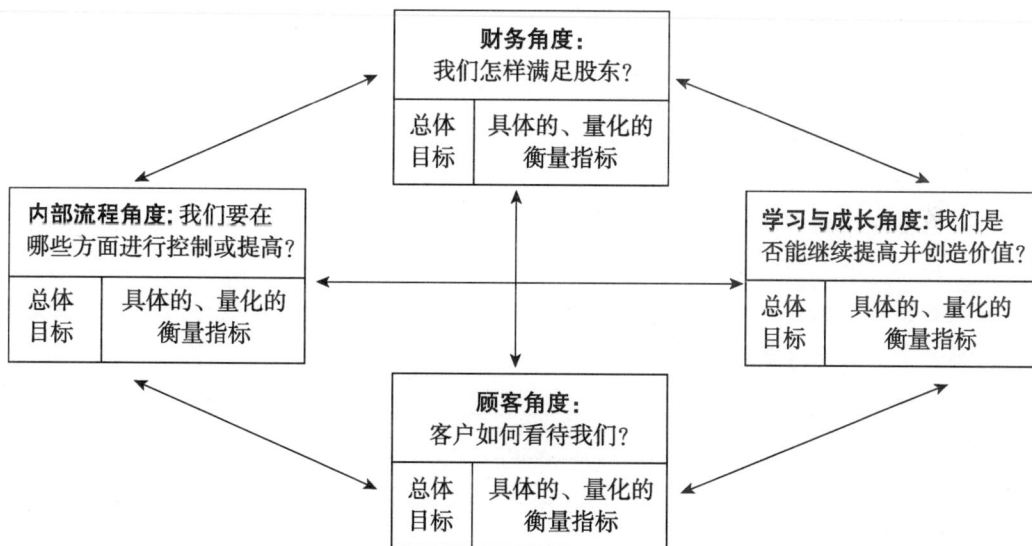

图 15-8　平衡计分卡的四个领域

○　财务角度

表明我们的努力是否对组织的经济收益产生了积极的作用，它是其他三个方面的出发点和归宿。财务指标通常包括利润、收入、资产回报率、经济附加值等。

○ 客户角度

表明顾客利益，反应顾客满意程度，常见指标包括：客户满意度指数、市场占有率、客户忠诚度、客户排名顺序、新客户增加比例、客户利润贡献度等。

○ 内部流程角度

这个角度包括：以客户为中心进行市场定位、生产产品、提供服务、售后服务这四个环节，主要指标有：新产品推出时间、成本、返工率、交货时间等。

○ 学习与成长角度

主要考核组织持续发展能力的增长情况，其中包括组织对员工培训、发展和学习所持的态度。这一角度的指标通常包括培训支出、员工满意度、关键员工流失率等。

一般来说，设计平衡计分卡的指标体系时，设置25～30个的指标为宜，其中：财务角度包含6～8个指标；客户角度包括5～8个指标；内部流程角度包括6～8个指标；学习与成长角度包括4～6个指标。通过以上四个角度进行综合评估，可以达到财务指标与非财务指标、组织长期目标与短期目标、组织内部与组织外部等多个关系的平衡。

下面的训练与练习要求你在学习本章内容的基础上，思考怎样才能够达到目标和怎样知道目标是否达到。

202 **训练与练习　组织的评估**

指导：

本练习要求你：

○ 思考组织内部的协调性

○ 评估你所采用的标准

如果你认为本组织已经确保输入、运作过程和输出之间实现有效协作，那么请写出确保这种协作的三种方式：

（1）_____

（2）_____

（3）_____

问题：

是否存在因协调不利而引发问题的领域？如果有，请记录下来。

作为团队领导，你的评估包含哪些方面？利用下列各项做简要说明：

○ 为什么每项评估都是必须的？

○ 评估对结果产生怎样的影响？

○ 哪些方面需要改变？

表 15-3　组织评估

评估内容	为什么需要评估	评估对结果产生的影响	哪些方面需要改进

总结：

这个训练与练习是检验战略实行的过程，所回答的问题是"如何能达到目标"与"怎样才能知道是否达到目标"，因此必须注意两个问题：一是保证各团队协调一致；二是设定评估标准并进行科学的评估。

本章小结

组织的目标决定了组织的核心价值观，组织的核心价值观体现了组织的目标。两者是否符合企业发展的关键在于战略的制定。通过 Ansoff 矩阵实现科学的战略分析决策，再以客户为先、员工满意两大标准为指导，使用平衡计分卡工具来进行战略评估，最终得到适合企业发展的战略规划。

203

思考与练习

1. 请思考你所在的组织的战略是什么。
2. 什么是 Ansoff 矩阵？它包括几种战略？这些战略的特点是什么？
3. 平衡计分卡一般针对哪些方面进行评估？

第16章 组织文化

学习目标

1. 了解组织文化的构成；
2. 了解组织文化的重要性；
3. 掌握组织文化的类型；
4. 掌握影响组织文化的因素。

学习指南

在组织中，经过一段时间的合作，人们就会形成适合自己的工作方式。换句话说，这些人已经发展了属于这个团体的文化。组织中虽然每个人都以自己独特的方式工作，但是会有贯穿组织上下的信念、观点、价值标准和习惯，包括很多尚未成文的行为准则，这就是组织文化。在本章，我们要研究组织文化的组成部分、组织文化的重要性等问题。

关键术语

组织文化构成　组织文化类型　组织文化影响

16.1　组织文化的构成和类型

16.1.1　组织文化的构成

组织文化是组织长期积淀下来的，当与其他组织进行对比时，就可以非常明显地感受到组织的文化氛围。

下面几个关键的因素可以用来分析组织文化的构成内容，这些因素往往融合在一起构成整体文化。

1. 常规行事方式

常规行事方式指员工习惯和已经接受的行为方式，例如所遵循的程序、已接受的行为方式（比如说是否允许提出建议）。

2. 故事和话题

故事和话题指已经发生的、人们正在谈论的、甚至要告诉新员工的事情。这些事情可能是积极的，比方说团队如何克服一切不利的条件、设法交付了某些产品或服务；也可能是消极的，比方说管理人员如何错误地处理了某件事情。

3. 表征和符号

表征和符号指可直接观察到的代表组织的事物，例如组织的徽标、办公楼的等级、组织得到的所有奖励等等。

4. 激励约束系统

激励约束系统指组织评估绩效和奖励员工的方法。比如：工作干得出色就能得到回报吗？为了监测绩效，组织要搜集哪些信息？在工作中，每位员工必须遵守的规章制度是什么？组织允许员工在运作方式上有多大程度的机动性和创新性等等。

5. 权力结构

权力结构包括提升员工的方式、管理风格、组织各部分之间的合作、高级管理人员如何施加影响等因素。

6. 组织结构

组织结构包括组织内部管理级别的数量、报告流程的运作方式、团队之间的相互影响等。

下面的训练与练习帮助你思考组织文化中的关键因素。

训练与练习 组织文化的因素

问题：

将你的组织作为一个整体来考虑，你能够鉴别组织文化中有哪些不同的因素？你认为这些因素是否构成了组织文化的整体氛围？

○ 常规行事方式；
○ 故事和话题；
○ 表征和符号；
○ 激励约束系统；
○ 权力结构；
○ 组织结构。

总结：

组织的不同部门发展了不同的文化。比方说，组织总部的文化可能与组织设在商业街上的零售商店的文化截然不同；某组织的出版分部可能与它的销售网络或财务部门的

205

文化相距甚远，这说明组织文化的某些因素在不同的部门之间是有差别的。

16.1.2 组织文化的类型

查尔斯·汉迪在《认识组织》一书中详细说明了组织文化的四种类型。

1. 权力文化

这种类型的文化取决于强有力的领导。员工必须完全适应领导，根据领导的指示执行任务。他们要明确"老板"对自己抱有怎样的期望。在小组织中，一个人往往就可以控制整个组织；在大组织中，领导亲自任命代表自己管理组织的人员。汉迪把具有权力文化的组织比作蜘蛛网："老板是发展的关键，做得好，自身发展得就快。"

2. 角色文化

角色文化是指角色的重要性远远超出个人。逻辑、理智和客观的系统支配着行为。具有角色文化的组织体制往往具备详细的工作描述、程序手册、明确的职责、等级性的职业发展道路。人们常常把角色文化称作官僚作风，有些政府组织从传统上一直具有角色文化。汉迪将此类结构视为希腊神殿。

3. 任务文化

在任务文化中，工作高于一切。任务文化的关键是集中最出色、最具创造性的人员来共同实现组织目标，合作精神显得极为重要。项目一经完成，项目团队成员就各奔东西。通常团队成员必须采用任务文化以便迅速应对变化的组织，因为他们没有时间来固定角色。汉迪把基于任务的文化结构比作矩阵网络。

4. 个人文化

个人文化主要关注的是个人。一群专业人士常常集合在一起发展和提高自己的个人目标。汉迪将这种结构视为群星荟萃——成员是独立的，他们集合在一起的唯一目的就是实现个人利益。

下面的训练与练习要求你思考自己的组织所采用的文化属于哪一类型。

训练与练习　组织文化

问题：

思考汉迪确定的上述各种类型的文化。你认为哪种或哪些类型的文化在你的组织中得到了体现？哪些类型出现在你自己特定的工作区域内？

总结：

如果你识别出自己的组织具有一种或两种文化类型的特点，那么你也不必感到惊讶。

16.2 组织文化的重要性

组织文化对组织来说很重要，它将影响到：
○ 在组织中工作的员工；
○ 以组织文化为重要基础的战略实施。

16.2.1 组织文化对员工的影响

组织文化能够影响一个人在组织中的工作能力，影响他们为组织做贡献的意愿。下面的案例与讨论就说明了这个道理。

案例与讨论 不同的文化

> GE 前 CEO 韦尔奇认为，我们的活力曲线之所以能有效发挥作用，是因为我们花了十年的时间在我们企业里建立起一种自由的文化。"员工可以在工作之余享受到高品质的生活，在下午茶时间可以读书看报，喝下午茶吃点心，从不加班和将工作带回家。
>
> 长期重视企业文化建设，并卓有成效的华为公司一直认为员工行为规范、责任心、敬业精神、创新精神和团队精神是华为的企业文化支柱。员工必须具备积极的劳动态度和务实的实践态度。这些都与晋升、机会分配、工资、奖金和股金等人事待遇直接或间接地挂钩。
>
> **问题：**
> 案例中的两个公司之间的文化区别是什么，分别具有什么影响？
>
> **总结：**
> 不同的文化决定了不同的工作及结果，因此，文化对于一个组织的成功运作非常重要。

组织文化能够影响人对组织的总体满意程度。组织的每位新员工都必须适应该组织的文化。每个人都必须明确以下几个问题来确定自己在组织中的行为方式：
○ 我们是否总照章办事，还是有一些灵活性？如果存在灵活性，那么幅度有多大？局限于哪些领域？
○ 发挥主动性受到鼓励还是遭到反对？
○ 我们可以指望政策和措施得到实施吗？还是它们会被忽视？
不能简单地说某些文化"优于"其他文化。人各不同，他们适应的文化也各不相同。

此外，组织的输出也可以对组织的文化类型产生影响。比如，如果组织要求自己的员工在运作方式上严格遵守程序或原则，那么就不会鼓励创新。

在组织内部，个人虽然无法与组织文化抗争，但是却可以识别组织文化中的问题，这是有益的。个人的行为和管理风格会影响到团队成员的行为，进而影响到组织文化。

在团队内部要想形成明确责任的文化，就必须保证所有犯错误的人都要受到批评或者纪律处罚，这样才能使员工理解领导的意图并在以后的工作中尽量避免错误的发生；要想促成员工有干劲的文化，就必须让团队成员承担责任（当然要提供必要的支持和资源）；学习文化包括支持团队成员养成不断回顾、总结的习惯；最后，团队内部的安全文化要求把安全提到日程上来，这样才能培养团队成员将安全操作的意识纳入到团队体制中。

16.2.2　组织文化对战略的影响

前面，我们了解了组织处于持续地变化之中，并探讨了组织如何迎接变化带来的挑战。对于许多组织而言，新战略和新计划的实施要求组织文化的改变。文化的改变往往是困难的，人们已经习惯了以前的方式，一旦组织文化发生变化（这里所说的变化是涉及所有组成因素的重大变化），也许会使许多人离开习惯和熟悉的组织。

战略目标可以改变文化，但是组织必须承认自己的文化需要变化，而且必须在计划的编制阶段就要考虑文化的变化，否则即便是最完善的计划也可能搁浅。

结合本章知识在下面的训练与练习中描述你所在组织的文化。

训练与练习　描述组织文化

问题：

请你描述所在组织的文化。假设你正在与一位对你的组织毫不了解的朋友聊天，描述你的团队做些什么，包括：

○　团队成员如何着装；

○　他们如何庆祝生日；

○　他们对彼此的业余生活了解多少；

○　对晋升的态度；

○　对整个组织的态度；

○　关于守时的规则；

○　他们承受压力时的表现；

○　他们犯错误时的表现。

现在思考一下你所做的描述，并分析它们产生的原因：

○　几乎完全是由团队成员的个性或行为方式直接造成的；

○　几乎完全是由组织的文化直接造成的；

○　两种原因合力造成的。

总结：

如果你对每个方面都拿不准的话，可以参考其他团队是如何理解的。组织文化方面的问题在组织内各个团队之间往往很相似，而由成员个性或行为方式引发的问题就不会完全相同。

通过以上的训练与练习，你会对团队及组织的文化有更深入的认识。

延伸与拓展　苹果公司的企业文化

鼓励创新、勇于冒险是苹果公司原有文化的核心。除此之外，自由主义、反主潮流也成为公司发展的主要动力之一，以"一个人也可以改变世界"和"清空头脑、一切重来"的精神主导自己的产品开发，也正是这样的企业文化才造就了苹果的成功。

1. 创新和冒险是苹果企业文化特点的灵魂

与诺基亚和 IBM 公司相比，苹果公司注重的不是更新升级系列产品，而是无限发掘单一产品的独特性，再重新与高科技结合，加上一些满足消费者需求的人性化设计，形成科技和艺术的完美结合。

2. 充分的自信，即相信苹果公司是世界上最强的公司

自信是成功的必备条件，苹果公司正是靠着这种号召力使其成为发展的主要动力。自信让每个员工都能在工作的时候信心满怀，这样充分自信的企业文化培养得益于乔布斯等的管理理念。

3. 从小处入手，注重细节观察和改进

苹果公司的监管十分严格，"关注细节意味着长远回报"成为苹果公司的一条重要经营之道。

4. 善于听取意见、自我批评、不服输

耐心倾听别人的批评和建议是评估公司的传统，同时不轻易认输是苹果的又一个主要特色文化。无论是乔布斯时代还是库克时代，苹果的每一次进步都有这种不认输精神的体现。

5. 团队永远不可忽视

苹果公司对人员的选拔及其严格，让每个人的闪光点暴露无遗，在这样的条件下，

给予其适合的工作，提供尽可能大的发挥空间和条件，让其为公司和自己的价值不断努力。除此之外，团队的工作环境比较轻松，员工之间相互尊重，团队管理靠的是人性化。

——马纪岗. 浅析苹果公司的企业文化[J]. 知识经济，2017（21）：90+92.

本章小结

本章你需要了解组织文化的构成，掌握组织文化的类型，并会进行分辨和解析。了解到组织文化对于员工和组织战略的影响，进而对组织文化的重要性有更高的认识。

思考与练习

1. 组织文化的构成因素有哪些？

2. 查尔斯·汉迪提出的组织文化分为哪几种类型？每种类型的特点是什么？

实践与实训

指导：

本练习是对这一单元中的几章内容的复习与总结，并以报告的形式给出结果。

要求在前几章结束时练习的基础上，利用练习的结果写一份报告。其中，报告要求说明以下几个方面的内容：

○ 本组织的目的——组织赖以生存的业务，组织的构造方式以及组织的预期目标（即从输入到输出，组织的使命/目的/目标）；

○ 组织和团队的利益相关者是谁——包括现存的任何冲突；

○ 本组织和本团队的主要挑战是什么；

○ 本团队如何促成组织高层制定的战略；

○ 组织文化如何影响本团队的运作方式。

总结：

此练习需要在各章最后练习的基础上完成。通过练习你会对自己所在组织有更深的理解。你会知道自己的团队怎样行事才能更好地促进组织目标的实现。你可以通过这样的练习与学习有效地提高自己的管理能力。

单 元 测 试

一、单选题

1. 肯迪在日常的销售竞争中认识到确保自己提供的产品和服务与众不同是非常重要的。为了实现此目标，可采取的策略不包括（　　　）。
   A. 威胁新竞争对手 B. 标新立异
   C. 成本领先 D. 目标聚焦

2. 章章的部门要求员工能够承受高强度的工作，迅速地应对各种变化。由此可见他所在组织的组织文化类型是（　　　）。
   A. 权力文化 B. 角色文化 C. 任务文化 D. 个人文化

3. 公司产品设计部门和销售部门合作时，产品设计部门最需要得到的信息是（　　　）。
   A. 交货实时信息 B. 服务质量的变化信息
   C. 新设备的生产信息 D. 客户需求信息

4. 许多组织都有自己的价值标准和行为理念，小韩所在的公司一贯倡导："不管我们在何处营业，我们都要尊重他人的生活方式、习惯、文化和爱好。"这体现了其价值观中的（　　　）。
   A. 责任 B. 自由 C. 尊重 D. 正直

5. 组织部门中，"负责员工激励、培训与开发、劳动关系协调等"是（　　　）的基本职责。
   A. 行政部门 B. 财务部门 C. 推广部门 D. 人力资源部门

二、案例分析

> 彭总的公司创建之初在纺织出口方面取得了成功。之后，彭总领导公司一万多名员工采取全新的市场战略，将公司业务不断扩展到贸易、汽车、机械、电子、建筑、重型造船、电脑、电信以及金融领域，成为本省第二大企业集团，也是希尔斯、Christian Dior 等多种品牌的纺织品供应商。同时，还与某国际知名汽车公司成立了合资企业。

根据以上案例，回答以下各题。

212

1. 组织的利益相关者对组织的决策和执行过程有重大的影响，那么，利益相关者指的是（　　）。

    A. 来自立法机关的与企业有利益关系的人和团队

    B. 能够使企业增加利益的人和团队

    C. 使企业利益减少的人和团队

    D. 影响企业目标的实现或者受企业实现目标过程影响的个人或者团队

2. 组织的利益相关者分为外部利益相关者和内部利益相关者。属于该公司的外部利益相关者的是（　　）。

    A. 管理人员　　　　B. 希尔斯公司　　　　C. 纺织部门　　　　D. 销售部门

3. 组织的利益相关者分为外部利益相关者和内部利益相关者。属于该公司的内部利益相关者的是（　　）。

    A. 消费者　　　　B. 分销商　　　　C. 一万多名员工　　　　D. 供应商

4. 根据 Ansoff 矩阵，该公司实行的是（　　）的市场战略。

    A. 市场开发　　　　B. 产品开发　　　　C. 市场渗透　　　　D. 多元化经营

5. 相对于 Ansoff 矩阵的其他几种战略，该公司实行的市场战略的特点是（　　）。

    A. 以现有的产品面对现有的客户

    B. 开发新产品和服务，并将它们销售到新市场，风险性大

    C. 涉及寻找新市场和新客户，产品核心技术不变

    D. 向现有客户提供新的产品和服务

扫描二维码，查看参考答案。